Manuel Valls

Zemmour, l'antirépublicain

Éditions de L'Observatoire

ISBN : 979-10-329-2527-0
Dépôt légal : 2022, janvier

170 *bis*, boulevard du Montparnasse, 75014 Paris

Aux Français, fiers de leur histoire.

« Aujourd'hui encore, aujourd'hui comme toujours, aujourd'hui plus que jamais on ne peut en parler à la légère, on ne peut en parler légèrement, on ne peut en parler d'un air détaché. On ne peut pas en parler sans se passionner aussitôt. Aujourd'hui comme jamais, tout propos qui se tient, tout article de revue ou de journal, tout livre, tout cahier qui s'écrit de l'affaire Dreyfus a en lui, porte en lui on ne sait quel virus, quel point de virus qui nous travaille infatigable. »

Charles Péguy, *Notre jeunesse*

Avant-propos

Lorsque, à l'aube de l'année 2021, j'ai choisi de consacrer un chapitre de mon livre, *Pas une goutte de sang français*, à Éric Zemmour[1], j'étais loin d'imaginer à quoi allait ressembler la situation politique au moment de son crépuscule. Sa candidature à l'élection présidentielle n'en était qu'au stade de la rumeur lointaine, de ces bruissements politico-médiatiques que l'on pense éphémères.

J'appelais alors résolument à ne pas minimiser l'influence de ce polémiste dans une société profondément divisée et en quête permanente d'alternatives politiques. Je mettais en garde contre le véritable sens de son combat : détruire la France des Lumières, humaniste, ouverte et tolérante.

Je dressais alors plus largement un parallèle entre Assa Traoré, à l'extrême de la gauche, et Éric Zemmour donc, à l'extrême de la droite. Par cette

1. Manuel Valls, *Pas une goutte de sang français*, chapitre 16, Grasset, 2021.

analogie au premier abord surprenante, je voulais montrer qu'ils formaient les deux bras d'une tenaille identitaire, si bien définie par Laurent Bouvet[1] puis reprise par Gilles Clavreul, dans laquelle je refuse encore et toujours que la France soit broyée. Ils me semblaient les visages d'une seule et même haine, le terrible binôme de nos divisions.

De fait, ces deux extrêmes politiques se nourrissent chacun l'un de l'autre. Le succès rencontré par Éric Zemmour est avant tout la réaction d'une partie des Français ne supportant plus la place grandissante de l'idéologie « *woke*[2] » et racialiste qui, sur tous les sujets, les culpabilise et dénigre leur mode de vie. La chasse aux sorcières généralisée que cette extrême gauche a engagée brise en réalité la véritable lutte contre les discriminations. Il n'y aurait alors pas d'autre voie que celle d'accepter ce fanatisme ou de répondre par un autre extrémisme ?

Le discours d'Éric Zemmour s'inscrit dans une inquiétante continuité historique. Il ne s'agit que d'un nouvel avatar du discours réactionnaire et

1. Laurent Bouvet, *Le Péril identitaire*, Éditions de l'Observatoire, 2020.

2. Lire la remarquable enquête de Brice Couturier sur ce mouvement : *Ok Millennials ! Puritanisme, victimisation, identitarisme, censure... L'enquête d'un baby boomer sur les mythes de la génération « woke »*, Éditions de l'Observatoire, 2021.

contre-révolutionnaire de l'extrême droite française. Derrière ses longues tirades aux allures de francs bavardages se cache un véritable combat culturel pour réhabiliter les ennemis de la République, des antidreyfusards aux collaborateurs. Cette réhabilitation va d'ailleurs jusqu'à nos ennemis les plus immédiats comme les djihadistes, pour qui il dit avoir du respect[1] dans une embarrassante mais logique collusion des fondamentalismes.

À ce combat culturel succédera donc une bataille politique. Tous les coups sont permis, car il s'agit de prendre une revanche : détruire l'héritage des républicains et des humanistes, fragiliser l'État de droit et diviser la société jusqu'à installer la guerre civile, après l'avoir tant prophétisée.

Face à cette entreprise de destruction graduelle et organisée, le camp républicain s'interroge, se divise sur la position à adopter et finit par ne plus répondre. Mais la répulsion que provoquent les idées d'Éric Zemmour ne doit pas être un motif

1. « Je ne pense pas que les djihadistes soient des abrutis ou des fous. Je respecte des gens prêts à mourir pour ce en quoi ils croient – ce dont nous ne sommes plus capables. » ; « Quand des gens agissent parce qu'ils pensent que leurs morts le leur demandent, il y a quelque chose de respectable et en même temps de criminel et de mauvais. C'est ainsi, les humains sont complexes, donc combattons-les, mais arrêtons de les mépriser ! » (Éric Zemmour à *Causeur*, octobre 2016).

de désertion. Le cynisme politique qui consisterait à laisser prospérer l'adversaire le moins électoralement dangereux n'est pas non plus une option. La doctrine qu'élabore le polémiste est un poison lent et difficile à assainir pour la société. Candidat jusqu'au bout ou non, résultat médiocre ou exceptionnel, présent ou non au second tour, les idées dépassent toujours les hommes. Les théories et les excès d'Éric Zemmour imprègnent désormais la campagne présidentielle et même le pays tout entier. Un sondage Ifop commandé par la Licra[1] a permis de mettre en lumière un phénomène de « zemmourisation des esprits », un fort écho de la pensée du polémiste dans tous les camps politiques : 57 % des sondés approuvent la vision d'un peuple notamment « de race blanche », presque autant considèrent que « les Français sont devenus étrangers dans leur propre pays » et la moitié d'entre eux acquiescent à une description du « grand remplacement ». Néanmoins, le même sondage illustre aussi l'attachement aux lois antiracistes, le rejet massif de la réhabilitation de Vichy, de la dévalorisation des femmes, ou de l'assertion selon laquelle il n'y aurait aucune différence

1. Sondage Ifop pour Le DDV, « Observatoire du "zemmourisme", volet 2 : ampleur et limite de la "zemmourisation" des esprits », novembre 2021.

entre islam et islamisme. Les Français témoignent ainsi d'un malaise : en attente, depuis trop longtemps, de réponses concrètes à leurs difficultés, ils sont malheureusement sensibles à certains raccourcis de Zemmour, mais ils rejettent tout ce qui est directement discriminatoire et excluant dans son propos. Notre responsabilité est de montrer que des solutions républicaines existent et que l'ensemble du discours du polémiste doit être écarté comme un bloc. J'ai donc choisi de lutter et de ne pas laisser faire.

J'ai d'abord débattu avec lui[1], sur son terrain, comme l'ont fait de nombreux autres républicains de tous bords. J'ai tenté de démonter pied à pied ses contrevérités historiques. Mais ce plateau télévisé de « Face à l'info » avait les allures du ministère de la Vérité d'Orwell[2]. Toute la tâche d'Éric Zemmour repose en effet sur la réécriture des faits historiques pour les mettre au service de son idéologie, en s'inspirant notamment de Jacques Bainville[3] et son récit nationaliste. Il manie le mensonge sans vergogne et manipule faits et chiffres sans aucune limite. Avec lui, comme on disait en URSS, « on ne sait jamais

1. « Face à l'info », CNews, 2 avril 2021.
2. George Orwell, *1984*, Gallimard, 1950.
3. Jacques Bainville, *Histoire de France*, Arthème Fayard & Cie, 1924.

de quoi hier sera fait ». Pour servir son idéal de contre-Révolution, Zemmour se sert de l'arme de la « contre-Histoire ».

C'est ainsi que m'est venue l'idée de cet opuscule : ma réponse républicaine aux mensonges et au révisionnisme d'Éric Zemmour. Un ouvrage qui n'a pas la prétention d'être une œuvre scientifique, mais qui se fonde sur des travaux d'historiens pour rassembler la vérité des faits et la partager avec les Français. Bien que suffisante pour le décrédibiliser, la divulgation des mensonges du pamphlétaire ne constitue pas pour autant une alternative. Je propose donc également un autre récit, un autre chemin vers une fierté nationale retrouvée, en espérant qu'elle puisse, d'une manière ou d'une autre, contribuer à la formation d'un futur commun.

Introduction

Les Français aiment profondément l'Histoire. Qu'ils la vénèrent ou qu'ils la blâment, ils ont tous un goût espiègle pour les querelles historiques, davantage fondées sur les interprétations possibles des faits que sur des remises en question des faits eux-mêmes, ceux-ci s'imposant à nous.

Cet amour repose plus sur des appropriations personnelles que sur des connaissances précises, et dépasse bien heureusement les bancs universitaires, les colloques et autres réunions d'experts. C'est le grand mérite de l'école républicaine que d'avoir réussi à transmettre ces savoirs fondamentaux, mais surtout cette passion commune, à de nombreuses générations. C'est d'ailleurs plus récemment son grand échec que de ne plus y parvenir. Mais, c'est plus encore dans des événements, dans des personnages, à travers l'hymne national, les commémorations, les célébrations, les monuments aux morts, les musées, ou encore les œuvres littéraires ou cinématographiques que l'histoire de France s'incarne et s'invite, au quotidien, dans les foyers et dans les consciences. Ce sont les fameux « lieux de mémoire », si bien décrits par Pierre Nora[1].

C'est sur cet attachement qu'Éric Zemmour a dernièrement tant capitalisé, jusqu'à sa déclaration de candidature le 30 novembre 2021, où il s'appuie sur de nombreuses références historiques. Le succès qu'a rencontré, tant qu'elle était diffusée, son émission quotidienne sur CNews doit beaucoup à cette passion commune. À une heure de grande écoute, certains Français s'émerveillaient de retrouver – croyaient-ils – les belles émissions d'Alain Decaux ou de Stéphane Bern, et de voir Louis XIV, Napoléon ou le général de Gaulle se substituer aux divers « anges » de la téléréalité. Cela faisait longtemps que le passé n'était plus mobilisé pour éclairer l'actualité, qu'importe alors que l'Histoire fût en réalité instrumentalisée pour noircir le présent et travestie pour l'absoudre de tous ses errements.

L'histoire de France peut en effet devenir un objet de manipulation lorsqu'elle est prise dans la tenaille identitaire.

1. Pierre Nora, *Les Lieux de mémoire*, Gallimard, 3 tomes : « La République » (1984), « La Nation » (1986), « Les France » (1992).

À l'extrême gauche, les racialistes, décolonialistes, Indigènes de la République et autres déboulonneurs de statues cherchent à la déconstruire et à dénier tout génie français. Mélangeant et extrémisant tous les combats, du féminisme à l'égalité en passant par la lutte contre le racisme, ils se perdent dans des anachronismes et refusent tout débat, boursouflés par leurs certitudes. La France serait, selon eux, dominée par un État raciste fruit du passé colonial. Le vent de la « *cancel culture* » qui nous vient des États-Unis fait ainsi des ravages dans les médias, sur les réseaux sociaux, dans les lieux culturels ou à l'université, virant souvent au lynchage. Il est vrai qu'avec sa vocation universelle, successivement fondée sur l'esprit de la chrétienté, la conscience humaniste puis l'idéal républicain, la France a toujours cherché à répandre, voire à reproduire, ses modèles et ses idées au-delà de ses frontières, trop étroites pour elle. Parfois, cette entreprise a été réalisée dans le respect des peuples et de leur diversité, en donnant bien davantage qu'elle ne prenait. Force est néanmoins de reconnaître que ce ne fut pas toujours le cas. Cette partie plus sombre de notre héritage légitime malheureusement aujourd'hui une remise en cause constante et automatique de notre modèle national par certains. Il s'agit d'une facilité qui cherche à rendre toute une nation honteuse et coupable de son histoire, qui est pourtant une continuité, et qui fragilise, pied à pied, notre sentiment national. L'Histoire est alors mise au service de la haine de la France.

À l'extrême droite, dont Éric Zemmour est aujourd'hui le héraut, l'obsession identitaire se traduit, en grande partie par contraste, par la volonté de tout excuser et de tout relativiser. Pour ce faire, leur meilleure arme est le mensonge. Il s'agit de tout faire assumer, de tout présenter en modèle équivalent, quitte à travestir les réalités pour les rendre plus acceptables. Éric Zemmour le dit lui-même, son révisionnisme honteux sur Pétain et Vichy vise un seul but : décomplexer les Français vis-à-vis de ce lourd et pénible passé. En cherchant à tout excuser, il nie l'importance du « devoir de mémoire », cher à Paul Ricœur[1], qui permet de réconcilier un peuple avec ses erreurs et avec ceux qui les ont subies. Même si l'intention semble louable, puisqu'il s'agit de créer, ou plutôt de reconstruire, un sentiment d'appartenance, Éric Zemmour se trompe d'arme en utilisant le mensonge.

D'un côté, donc, le culte de l'autoflagellation permanente ; de l'autre la réécriture du passé

1. Paul Ricœur, *La Mémoire, l'Histoire, l'Oubli*, Seuil, 2000.

au service d'une idéologie mortifère. Ces deux options excluent chacune toute une partie des Français et empêchent, toutes les deux, de créer du commun.

Éric Zemmour nourrit lui-même ce manichéisme mortifère. Reprenant à son compte le concept gramscien d'« hégémonie culturelle », il est conscient que la révolution réactionnaire qu'il appelle de ses vœux ne pourra se réaliser que lorsque les idées qui sont à son fondement auront suffisamment infusé dans la société française. Autrement dit, il considère que la victoire à la guerre politique qu'il entend mener suppose d'indispensables conquêtes culturelles préalables. C'est ce à quoi il s'emploie depuis des années, c'est ce que Patrick Buisson avait tenté auprès de l'ancien président Nicolas Sarkozy. Ce « combat culturel » suppose une simplification des opinions et un enfermement des idées et des personnes dans deux camps politiques opposés. D'un côté, la repentance et la haine de notre pays, de l'autre cette France réactionnaire et passéiste. Vous n'adhérez pas à sa vision ? Alors vous êtes dans l'autre camp. Avec Éric Zemmour, aucune nuance n'est possible : vous êtes avec lui ou contre la France.

Pour autant et face à cela, il ne s'agit pas de nier le droit, voire la nécessité, de faire émerger une vision politique de l'Histoire. On sait, grâce à Ernest Lavisse[1], toute la fonction politique de notre héritage national et son rôle fondamental dans la capacité des individus à faire nation. Il s'agit en revanche de combattre les mensonges et les réhabilitations honteuses d'Éric Zemmour, de rejeter clairement et fermement les raccourcis historiques, le négationnisme, le relativisme ou les fondements passéistes qui servent de modèle pour un futur de rejet et de peur. Pour autant, tomber dans l'oubli ou l'effacement de l'Histoire n'est pas une option quand on l'aime et quand tant de modèles inspirants peuvent, nuancés par le poids du temps et les évolutions de la société, servir d'exemple. C'est le grand rôle des républicains de tous bords que de proposer une autre vision : l'histoire nationale s'affronte et s'accepte en entier, bien sûr, mais il faut faire le tri entre le pire et le meilleur.

1. Ernest Lavisse, *Histoire de France depuis les origines jusqu'à la Révolution*, Hachette, 1901.

Première partie

Le camp républicain doit rejeter la vision zemmourienne de l'Histoire

En avançant vers une candidature à l'élection présidentielle, Éric Zemmour a trahi son dessein initial. Personne bien sûr, et surtout pas l'auteur de ces lignes, ne peut lui faire le reproche de vouloir confronter ses idées au suffrage universel. Mais la position scientifique derrière laquelle il se cache pour dire ses énormités disparaît à son entrée dans l'arène électorale. Chacune de ses expressions devient officiellement un positionnement politique.

L'attachement à l'histoire de France astreint à lutter contre les mensonges et les instrumentalisations qu'elle subit. Éric Zemmour les multiplie avec opportunisme, prenant certains faits bien choisis comme des justifications incontestables de son idéologie. Son discours historique est complet et linéaire. Il manipule le passé pour en tirer des facilités de langage qui servent son discours de rejet ; il réhabilite les ennemis de la République, sous couvert de rétablir de prétendues vérités scientifiques ; et, tirant profit de tous ces travestissements de réalités, il prophétise un futur cataclysmique et se pose en homme providentiel, seul capable de l'empêcher.

Éric Zemmour n'aimera pas l'entreprise de contradiction que constituent ces lignes. Il aime débattre, ça oui, mais il déteste qu'on lutte contre ses fausses vérités, ou que l'on oppose à ses chiffres manipulés des données officielles. Souligner les mensonges publics servirait à « légitimer une reprise en main des réseaux sociaux par l'idéologie dominante[1] », tandis que les statistiques publiques seraient souvent, pour lui, remplies de biais idéologiques[2].

1. « Zemmour et Naulleau », Paris Première, 26 mai 2021.
2. Hervé Le Bras est par exemple qualifié de « Lyssenko de la démographie » ou d'« idéologue », lors du débat face à Jean-Luc Mélenchon, sur BFMTV, le 23 septembre 2021.

Chapitre 1

La manipulation des faits historiques au service de son idéologie

Le premier réflexe historique d'Éric Zemmour est l'exagération. Cela n'étonnera guère tous ceux qui ont un jour lu le polémiste, qui n'a pas démérité pour obtenir ce qualificatif. Mais voilà le problème : si l'usage de l'excès est courant dans la sphère politique, où il fait généralement le bonheur du système médiatique et peut permettre de délivrer des messages, il y a une profonde malhonnêteté à l'employer en matière historique.

Ici, il ne s'agit pas tant de mensonge que d'instrumentalisation. Les faits historiques décrits par Zemmour existent bel et bien, mais leur substance est travestie à des fins politiques. On va alors au plus simple, on tronque la réalité et on fait dire aux événements ce qui nous arrange pour duper les auditeurs ou lecteurs et ainsi donner un fondement fréquentable aux plus odieuses idées, une assise recommandable aux pires absurdités.

La manipulation des prénoms

D'après Éric Zemmour, la France obligeait, entre 1803 et 1993, à choisir les prénoms, dit-il tantôt, « dans le calendrier, c'est-à-dire les saints chrétiens[1] », ou parmi des prénoms « français », dit-il à d'autres moments. Il prône le retour de cette disposition pour renforcer l'assimilation. Ce leitmotiv, rabâché à longueur d'émission ou de livre, est devenu sa marque de fabrique, une des positions qui l'ont fait connaître et identifier par le grand public. Pourtant, Éric Zemmour se méprend en grande partie sur le sens de cette fameuse loi de 1803, et surestime la rigueur de son application.

La loi du 11 germinal de l'an XI est d'abord beaucoup plus complexe et beaucoup moins loquace que le polémiste veut bien le faire croire. Son article 1er dispose que « les noms en usage dans les différents calendriers, et ceux des personnages connus de l'histoire ancienne, pourront seuls être reçus comme prénoms sur les registres de l'état civil ». Nulle mention spécifique du calendrier chrétien et nulle précision géographique concernant les personnages de l'histoire ancienne ! Bien sûr, il

1. « Les Terriens du dimanche ! », C8, 16 septembre 2018.

était entendu à l'époque – y compris dans des textes juridiques – que les calendriers étaient ceux de langue française et que l'histoire ancienne se limitait à celle de la Bible et de l'Antiquité gréco-romaine. Il n'en demeure pas moins qu'il est difficile de faire porter à cette loi une restriction aussi stricte que celle évoquée par Éric Zemmour. Exemple concret : la France a eu comme président de la République un homme dont le prénom usuel, Sadi, avait été choisi par son grand-père, Lazare Carnot, en raison de son admiration pour le poète persan Saadi[1].

Éric Zemmour se fourvoie également en ce qui concerne les objectifs portés par cette loi. Il ne s'agit pas en priorité de favoriser l'assimilation, mais bel et bien d'exclure certains noms communs, comme « Révolution », « Liberté », et certains noms propres qui pouvaient être attribués comme prénoms, à l'instar de « Marat » ou « Robespierre », et ainsi d'éviter leur usage comme mode d'expression politique[2].

Une instruction du 12 avril 1966[3] précise ainsi que « ces dispositions répondent essentiellement

1. Le président Sadi Carnot s'appelait en réalité Marie François Sadi Carnot, mais se faisait dénommer par son dernier prénom, comme il était d'usage au XIXe siècle.

2. Baptiste Coulmont, *Sociologie des prénoms*, La Découverte, 2011.

3. *Journal officiel de la République française*, 3 mai 1966.

à la préoccupation d'épargner aux enfants l'attribution de prénoms de pure fantaisie », même si le principe selon lequel « les enfants français doivent recevoir des prénoms français » est rappelé. L'instruction revient surtout sur l'application pratique de la norme, qui a évolué et qui doit être exécutée avec « un certain réalisme et un certain libéralisme ». Les officiers d'état civil sont ainsi explicitement appelés à respecter les particularismes locaux et les traditions familiales. Un renvoi de bas de page est d'ailleurs exclusivement consacré à la question des prénoms arabo-musulmans, qui peuvent être admis pour les enfants de Français musulmans[1]. Cette instruction ministérielle, portée, rappelons-le, par un gouvernement gaulliste – et qui ne peut donc être soupçonné de laxisme – procède ainsi à un élargissement des prénoms admissibles et prend acte d'une évolution libérale, déjà largement engagée, de l'application de la loi de germinal.

1. « Ces considérations militent en faveur de l'admission des prénoms coraniques pour les enfants de Français musulmans. Il y aurait d'ailleurs intérêt, dans ce dernier cas, à ce que l'officier de l'état civil conseille discrètement aux parents d'adjoindre un prénom français au prénom coranique de leur enfant. Cette pratique serait, en effet, de nature à permettre, ultérieurement, une meilleure assimilation de l'intéressé à la communauté nationale. »

Par la suite, la jurisprudence assouplira encore davantage ce principe jusqu'à ce que le gouvernement de Pierre Bérégovoy en tire les conclusions logiques en abrogeant, en 1993, la loi du 1er avril 1803.

Au-delà même de cette surinterprétation bien pratique des faits, Éric Zemmour fait erreur, et sombre une fois de plus dans l'excès, lorsqu'il affirme que le problème de la France repose sur l'augmentation des prénoms à connotation étrangère donnés aux nouveau-nés. En revanche, que le prénom Mohamed soit, de loin, le premier donné en Seine-Saint-Denis témoigne de l'échec de nos politiques de mixité dans ce département. C'est le symptôme d'un problème, pas un problème en soi. Comme souvent, le journaliste confond cause et conséquence de notre échec en matière d'intégration. Il blesse, en passant, des millions de Français fiers de leur patrie et de leur prénom. L'ancienne garde des Sceaux, Rachida Dati, le jeune journaliste Mohamed Bouhafsi ou la mère d'Imad Ibn Ziaten, le militaire assassiné par Merah à Toulouse en 2012, l'ont très bien exprimé.

Une vision rance et statique de l'identité de la France

Le repli identitaire qu'Éric Zemmour préconise serait pour lui la condition *sine qua non* de l'unité de notre pays. Seule l'exclusion d'une partie de la population, en l'occurrence musulmane, permettrait de garantir le caractère indivisible de la Nation. Le polémiste cherche d'ailleurs moins à réaliser l'union des droites que celle des franges les plus conservatrices de la société, les plus hostiles au changement : intégristes et traditionalistes de tous les horizons sociaux et politiques, unissez-vous !

Gérard Noiriel l'a bien montré[1], il y a de l'Édouard Drumont dans Éric Zemmour : une identité française statique et bafouée, un pays qui serait menacé et sur le déclin, un ennemi commun et responsable de la situation, « étranger de l'intérieur ». Cette stratégie de repli identitaire qui n'a rien à envier, je l'ai dit, aux autres diviseurs de la France, racialistes d'extrême gauche, rate sa cible et assoit son propos sur un nouveau contresens historique.

La vision zemmourienne de l'identité française est avant tout profondément excluante. Au lieu

1. Gérard Noiriel, *Le Venin dans la plume*, La Découverte, 2019.

de servir l'unité de la Nation, elle favorise le communautarisme. Je défends une conception intransigeante de l'assimilation et la nécessité pour l'étranger qui souhaite s'installer en France de reprendre à son compte notre histoire et nos valeurs et de s'adapter à nos mœurs. Mais la condition du succès de l'assimilation, c'est la réciprocité et, du côté des pouvoirs publics, la promotion d'un discours positif, plein de promesses, qui garantisse, à la clé, une intégration pleinement acquise et une totale égalité de droit pour celui qui fait le choix de devenir français. Le discours d'Éric Zemmour est donc en réalité profondément contre-productif.

Il repose d'ailleurs, là encore, sur une succession de contresens historiques. Une vision si rabougrie de l'identité française ne peut reposer que sur un mensonge. Qui peut croire que depuis Vercingétorix ou Clovis – laissons ce débat aux historiens – l'identité de notre pays n'a pas bougé d'un iota ? Quelle paresse intellectuelle et quel mépris des multiples mouvements historiques, démographiques, politiques, économiques ou encore sociaux qui ont, bien évidemment, contribué à changer l'identité française ! Cela ne veut pas dire pour autant que l'on a fait, à chaque fois, table rase du passé : il y a un chemin entre grand remplacement et grande stagnation.

L'identité de la France n'est pas figée, elle évolue. Notre pays repose historiquement sur une succession d'héritages et une diversité d'histoires dont ressort une unité bâtie à partir d'elles, en les intégrant pleinement au creuset national qui, bien entendu, les domine. Lorsqu'en 1985 le journal *Le Monde* interroge l'historien et académicien Fernand Braudel pour savoir s'il est possible d'établir une définition de l'identité française, celui-ci répond : « Oui, à condition qu'elle laisse place à toutes les interprétations, à toutes les interventions[1]. » Il est d'ailleurs intéressant de noter que dans ce même entretien, il indique qu'il n'y a pas « de civilisation française sans l'accession des étrangers ; c'est comme ça ».

Défendre l'identité de la France et son histoire, oui ; prôner l'assimilation à sa langue, sa culture et ses valeurs, oui ; il faut aussi reconnaître l'apport des étrangers à l'identité française qu'ils prennent en héritage, mais qu'ils contribuent aussi à faire évoluer, pour le meilleur si un équilibre est conservé. Léon Gambetta, Marie Curie, Guillaume Apollinaire, Lazare Ponticelli, Joséphine Baker, Missak Manouchian, Romain Gary, Lino Ventura, Andrée Chedid, Tahar Ben Jelloun, Eunice

1. *Le Monde* des 24 et 25 mars 1985.

Barber ou encore Alireza Firouzja[1] sont autant d'exemples illustres parmi des milliers d'autres[2], surtout anonymes. Mon propos ne consiste pas à dire que l'immigration récente doit modeler une partie, même infime, de l'identité française. Mais il s'agit de ne pas faire de cette dernière une notion immuable et donc excluante. Une fois encore, Éric Zemmour méconnaît l'importance de l'équilibre en politique.

Les travestissements de l'histoire de la gauche

Rares sont les personnalités publiques qui ont autant de haine pour le camp adverse, allant jusqu'à rejeter la notion même de rassemblement, pourtant incontournable dans toute campagne présidentielle[3]. Le manichéisme quasi infantile d'Éric Zemmour obère sa capacité future à unir les Français, décrédibilisant résolument sa candidature à la magistrature suprême.

1. Champion d'échecs, jeune prodige d'origine iranienne naturalisé français le 21 novembre 2021.
2. On pourra d'ailleurs se reporter au *Dictionnaire des étrangers qui ont fait la France*, dirigé par Pascal Ory (Robert Laffont, 2013).
3. « Le rassemblement, en général, tous les politiciens l'utilisent comme prétexte à leur inaction », Éric Zemmour à Ajaccio le 9 octobre 2021.

Le polémiste déteste ainsi la gauche, qu'il accuse de tous les maux de notre pays. Par le biais de nombreuses manipulations historiques, il se pose en ventriloque de ce camp politique, tantôt pour légitimer son discours et son idéologie et tantôt pour décrédibiliser la gauche.

Chacun connaît mon attachement à la gauche et ma sincérité sur ses dérives. Pour autant, je ne laisserai ni biffer son héritage, celui de la gauche démocratique qui s'est toujours opposée au totalitarisme communiste ou fasciste, ni se servir d'elle comme d'un bouclier d'acceptabilité pour faire le lit des infamies d'extrême droite.

En bon héritier des nationalistes français qui sévissaient dans les années 1930, Éric Zemmour s'attaque d'abord souvent à Léon Blum, lui attribuant une politique migratoire qu'il n'a jamais ni prônée ni mise en œuvre. Ainsi, déclare-t-il, par exemple, en janvier dernier dans son émission : « Vouloir la “remigration”, ce n'est pas être raciste. [...] On va renvoyer les immigrés qui ne s'assimilent pas. [...] Ce n'est pas être raciste que de dire cela. [...] Léon Blum n'était pas raciste. Dans les années 1930, on renvoie des immigrés italiens et polonais car ils sont au chômage et qu'on estime qu'ils ne s'assimilent pas. C'est la gauche qui fait ça. Ils ne sont pas racistes. C'est Léon Blum[1]. »

Cette affirmation est à la fois tronquée, simpliste et d'une grande malhonnêteté intellectuelle. Il est exact que la crise des années 1930 a provoqué une remise en cause des fortes vagues d'immigration connues par la France dans les années 1920 et qui visaient à reconstruire son économie. La gauche n'échappe alors pas à ces questionnements et une partie d'entre elle prône, en effet, une limitation de l'immigration par le biais de quotas de travailleurs étrangers dans les entreprises françaises. En revanche, les politiques d'expulsions massives et arbitraires du début des années 1930 sont avant tout portées par Pierre-Étienne Flandin et Pierre Laval, deux hommes qui auront d'ailleurs plus tard des fonctions éminentes à Vichy. Léon Blum fait au contraire partie, à l'époque, de ceux qui défendent le droit d'asile et le droit au travail des réfugiés. C'est ce qui explique que l'arrivée au pouvoir du Front populaire et de son premier président du Conseil suscite autant d'espoir dans les populations réfugiées.

Confronté à la réalité de l'exercice du pouvoir, à la brièveté de son ministère, mais aussi empêché par

1. « Face à l'info », CNews, 27 janvier 2021.

les nombreuses attaques antisémites et xénophobes dont il fait l'objet, Léon Blum ne parvient pas à transformer profondément la politique migratoire restrictive de la France. Mais tous les historiens, y compris ceux qui critiquent un relatif immobilisme, s'accordent à dire que Léon Blum n'a jamais participé d'une forme de « remigration » et a, au contraire, rompu avec les politiques d'expulsions arbitraires des gouvernements précédents, garanti un statut davantage protecteur pour les réfugiés, notamment les Allemands fuyant le nazisme, et exigé une application plus humaine de la politique migratoire. De même, Marcel Livian[1] a beaucoup insisté sur « l'action invisible » de certains dirigeants du Front populaire qui accédaient régulièrement aux requêtes individuelles que leur adressaient des étrangers souhaitant être accompagnés dans leurs démarches pour obtenir le statut de réfugié ou la naturalisation. La correspondance de Léon Blum témoigne de cet engagement[2]. Ces actions privées et individuelles ne remplacent pas une politique,

1. Marcel Livian, *Le Parti socialiste et l'immigration. Le gouvernement Léon Blum, la main-d'œuvre immigrée et les réfugiés politiques (1920-1940)*, Anthropos, 1982.

2. Frédéric Monier, « Léon Blum, les socialistes français et les réfugiés dans les années 1930 », article pour la Fondation Jean-Jaurès, 2016.

mais elles témoignent des convictions profondes du socialiste.

Au-delà de la vérité historique, dont il paraît définitivement n'avoir cure, c'est la nuance qu'Éric Zemmour est ainsi incapable de manier : mener une politique migratoire ferme mais humaine, favorisant l'intégration de ceux déjà présents sur le sol, n'a rien à voir avec les expulsions sous fondement nationaliste et xénophobe qui avaient pu être menées plus tôt. Quant à mêler le degré d'assimilation à tout ceci, cela relève encore d'une réécriture de l'Histoire, tant cette notion est largement absente des débats de l'époque, aux considérations davantage économiques.

L'héritage de Léon Blum fait donc en grande partie l'honneur de la gauche française, par la conciliation qu'il opère entre nécessaire fermeté et indispensable humanité. Cet équilibre sera rompu par la suite, y compris durant la période du Front populaire. Édouard Daladier mènera en effet, à partir de 1938, une politique migratoire bien plus répressive et même en grande partie honteuse[1].

1. L'historienne Vicki Caron résume tout à fait cette rupture dans *L'Asile incertain. La crise des réfugiés juifs en France, 1933-1942*, Tallandier, 2008 : « Quand Édouard Daladier devint président du Conseil, le 10 avril, toutes les solutions envisagées par le Front populaire afin de réconcilier les exigences de la classe

C'est notamment le cas sur la question des réfugiés espagnols, à qui Léon Blum avait, plus tôt, cherché à garantir les meilleures conditions d'accueil pour effacer la faute, la blessure inacceptable de la non-intervention de la France aux côtés de la jeune République espagnole à la suite du coup d'État militaire de Franco en 1936.

Mais le plus honteux des raccourcis historiques est celui qui présente le socialisme comme le point de départ des idéologies nazies et fascistes. Ainsi, toujours dans son émission, en juin dernier, Zemmour affirme : « Les fascistes sont des gens de gauche. Le mouvement fasciste, il naît à gauche. [...] Mussolini est un socialiste. [...] Le nom du parti nazi, qu'est-ce que c'est ? C'est "national-socialiste". Socialiste. Ce sont des gens de gauche[1]. »

Une fois de plus, il s'agit de raccourcis historiques et d'une succession de contrevérités. Éric Zemmour joue de syllogismes pour mieux réhabiliter l'extrême droite et saper la gauche. Combattre ce propos et rétablir la vérité historique est alors une exigence morale autant que politique.

---

ouvrière et de la classe moyenne, qui sollicitaient une protection économique contre les immigrants, avec sa propre volonté de mettre en œuvre une politique des réfugiés plus humaine, furent abandonnées en route. »

1. « Face à l'info », CNews, 22 juin 2021.

Benito Mussolini a bel et bien été membre du parti socialiste italien, mais il en est exclu à la suite d'un désaccord majeur durant la Première Guerre mondiale. Les fondements de son idéologie fasciste, assise sur un nationalisme belliqueux et conquérant, s'éloignent ainsi de la pensée pacifiste de gauche. Déjà tenant d'une gauche radicale, s'inspirant des thèses de Georges Sorel sur la violence, Mussolini est loin de l'idéologie socialiste lorsqu'il fonde, en 1919, les Faisceaux italiens de combat, milice mise au service de la destruction du mouvement ouvrier, dont les atrocités sont dirigées contre la gauche tout entière, et qui iront d'ailleurs jusqu'à l'assassinat du député socialiste Matteotti[1]. Lorsqu'il crée et développe le mouvement fasciste, le discours et les actions de Mussolini sont ainsi largement antisocialistes. Qu'importe alors qu'il fut un jour partisan de cette idéologie, le raccourci qui consiste à lier ces deux moments politiques est profondément abusif.

Du côté du mouvement nazi, la malhonnêteté d'Éric Zemmour, aux fondements sémantiques – « C'est "national-socialiste". Socialiste. Ce sont des gens de gauche » –, est tout autant absurde.

1. Les nombreux travaux des historiens Pierre Milza et Marie-Anne Matard-Bonucci sont très éclairants sur ce thème.

À l'origine du fameux parti national-socialiste des travailleurs allemands, le NSDAP, se trouve le parti ouvrier allemand, le DAP, fondé par Anton Drexler et Karl Harrer, déjà notoirement nationalistes et antisémites. Au moment où Adolf Hitler rejoint cette mouvance politique, il est donc bien conscient de rallier un parti pangermaniste et antimarxiste. Par la suite, lorsqu'il prend le contrôle du DAP pour le renommer « NSDAP », l'adjonction du terme « socialiste » constitue une manipulation politique visant à attirer l'électorat ouvrier vers son mouvement[1]. Adolf Hitler n'a ainsi jamais été socialiste, idéologie internationaliste qu'il abhorre en tout point. Il est l'adversaire résolu de la social-démocratie et des communistes. Le choix tactique de la dénomination d'un mouvement ne peut pas faire oublier la liquidation de la république de Weimar et de la démocratie, la politique profondément racialiste et nationaliste menée à partir de l'accession au pouvoir des nazis en Allemagne qui aboutira à la guerre et à la Shoah.

Je le disais, Éric Zemmour manie le syllogisme avec brio. Mussolini a été de gauche puis il a fondé un mouvement fasciste ? Les fascistes sont donc des

1. L'historien Christian Ingrao, spécialiste du nazisme, est revenu sur cette dénomination tactique pour l'AFP en juin dernier.

gens de gauche. Qu'importe que la fondation du fascisme naisse d'une profonde rupture de Mussolini avec la gauche et que les milices politiques qu'il crée soient mises au service de la destruction de cette dernière. Le parti qui mène Adolf Hitler au pouvoir comporte le terme « socialiste » dans son appellation ? Les nazis sont donc des gens de gauche. Qu'importe qu'il puisse s'agir d'une manipulation politique et que tout oppose la pensée de gauche et l'idéologie nazie. Ces outrances sont particulièrement abjectes, c'est insulter à la fois les legs de la gauche française et les femmes et les hommes qui se sentent socialistes.

Son sophisme pourrait être seulement ridicule, s'il n'était pas profondément dangereux. Derrière toutes ces manipulations historiques se dissimule en effet quelque chose de beaucoup plus grave. La recherche permanente d'arguments visant à disculper les nationalistes et l'extrême droite et à accuser ce vieil ennemi qu'est la gauche n'a rien d'un phénomène nouveau. Historiquement, cette dialectique a toujours été celle des ennemis de la République et des tenants de la contre-Révolution. Éric Zemmour n'en est que le nouvel avatar et son discours sur Pétain, une franche illustration. Il ne se contente en effet pas seulement de manipuler l'Histoire, il se livre également à un honteux révisionnisme.

Chapitre 2

Le révisionnisme pour réhabiliter les ennemis de la République

Éric Zemmour ne se contente pas de manipuler et de détourner les faits pour instiller le doute et susciter les questionnements. Son arme privilégiée, c'est le faux. Il n'hésite pas à manier le mensonge pur et simple et à réécrire entièrement les faits historiques. La morgue avec laquelle il présente ses impostures vide de toute substance les discours de ses contradicteurs, même les plus rationnels et scientifiques. Son aura, à laquelle trop peu osent répondre, lui permet en effet d'ouvrir la boîte de Pandore des impostures et de rendre plausible tout ce qu'il souhaite.

Se targuant de faire œuvre d'historien, il continue en réalité son travail systématique de sape de l'héritage humaniste de la République, poursuivant le creusement du sillon mortifère inauguré par les nationalistes de l'Action française. Il ment sans vergogne pour excuser l'inexcusable.

C'est ainsi que se voient dédouanés tour à tour les antidreyfusards, Pétain, le régime de Vichy ou les tortionnaires d'Algérie. Il est frappant d'observer la place qu'occupe dans son discours la réhabilitation automatique des forces antijuives qui ont installé l'antisémitisme en France.

Éric Zemmour a beau dire qu'il n'a jamais souhaité réhabiliter Vichy, l'ensemble de sa vision de l'Histoire systématise sa lutte pour disculper les ennemis de la République. Sous couvert d'exhumer – sans arrière-pensée, se défend-il – la complexité historique et de ne faire qu'apporter de prétendues nuances à la pensée d'un « système » qui ne voudrait pas voir l'Histoire en face, il poursuit en réalité la grande œuvre de l'extrême droite française depuis des décennies : nourrir le négationnisme et fomenter la disparition de la République.

La remise en cause de l'innocence du capitaine Dreyfus

La première victime des mensonges d'Éric Zemmour est le capitaine Dreyfus dont il remet en cause l'innocence. En septembre 2020, il affirme ainsi que « beaucoup étaient prêts à dire Dreyfus innocent, même si c'est trouble, cette histoire, aussi[1] ». Il récidivera quelques jours plus tard, affirmant qu'« on ne saura jamais », que « ce n'est pas évident » et que les attaques à l'encontre d'Alfred Dreyfus ne le visaient pas tellement « en tant que Juif », mais davantage en tant qu'« Allemand[2] », oubliant au passage que la famille de ce dernier avait fait le choix de la France après l'annexion de l'Alsace par Bismarck.

Rien d'étonnant de la part du polémiste. L'extrême droite n'a jamais réellement cessé d'instiller le doute dans l'esprit des Français sur l'innocence de Dreyfus. Au fond, on aurait dû sacrifier le capitaine pour ne pas affaiblir l'armée française et un état-major pourtant compromis dans le mensonge. Mais un tel propos, au demeurant très brouillon et prosaïque, vient à l'encontre du très large consensus historique et judiciaire qui entoure cette affaire[3]. De même, le mobile antisémite de la

1. « Face à l'info », CNews, 29 septembre 2020. L'enregistrement de cette émission n'est plus disponible en ligne en raison d'une plainte déposée pour d'autres propos tenus par le polémiste ce jour-là. Néanmoins, plusieurs articles recensent les termes utilisés et ci-dessus décrits. Voir, par exemple, Gaston Crémieux, « Éric Zemmour, glaive et bouclier de l'extrême droite », Le DDV, 15 octobre 2021.

2. « Face à l'info », CNews, 15 octobre 2020. Là encore, la vidéo ne semble plus disponible mais les mêmes sources évoquées *supra* en font également la recension.

3. S'il est impossible de faire ici état de l'ensemble de la littérature attestant de l'innocence de Dreyfus, qu'il me soit permis de

cabale menée contre Dreyfus par les antidreyfusards ne fait de doute pour aucun historien. D'ailleurs, nul besoin de recherches historiques conséquentes pour le démontrer tant, à l'époque, personne ne s'en cache. Mais qu'importe, il y aura toujours des révisionnistes pour alimenter des théories du complot aux visées nauséabondes. Zemmour est définitivement l'héritier de Maurras, alors que nous devons nous réclamer du legs de Péguy, Zola, Clemenceau ou du commandant Picquart.

Le relativisme concernant la Résistance

Ces mêmes intentions abjectes conduisent Éric Zemmour à redoubler d'imagination pour relativiser l'œuvre morale de la Résistance. À l'entendre, présenter les résistants comme des défenseurs de l'humanisme républicain relèverait de la « morale » et de l'« idéologie », quand il faudrait, selon lui, s'évertuer à n'avoir des faits historiques qu'une vision purement « réaliste » et « stratégique ». Ce faisant, il cherche encore à relativiser l'héritage de la République et à réfuter, parallèlement,

citer, alors que son auteur est disparu en septembre 2021, l'œuvre monumentale de Jean-Denis Bredin, *L'Affaire* (Julliard, 1983).

l'ignominie de la collaboration. Cette bipartition, évidente pour le plus grand nombre, est naturellement incompatible avec sa propre idéologie et ceux qui l'influencent.

Son relativisme commence par un mensonge sur les origines politiques des premiers résistants. Il affirme, sans qu'aucun chiffre puisse l'attester, qu'ils venaient quasi exclusivement de l'extrême droite, que « 90 % des gens qui rejoignent Londres sont de l'Action française[1] ». Certains membres de ce mouvement ont bien entendu rejoint la Résistance, s'opposant à la décision de leur meneur, Charles Maurras, de se rallier au régime de Vichy. Mais ils sont également nombreux à le suivre dans la collaboration. Ils n'ont, par ailleurs, jamais été majoritaires dans la Résistance, comme en atteste la composition finale du Conseil national de la Résistance dans laquelle aucune tendance de l'extrême droite n'est représentée. Daniel Cordier, pourtant ancien membre de l'Action française, a lui-même démenti ce propos :

« Prétendre cela n'a aucun sens. Notre engagement était un choix individuel qui n'avait rien à voir avec telle ou telle opinion. Il s'est déterminé sur quelque chose de beaucoup plus profond, de

1. *Répliques*, France Culture, 17 novembre 2018.

plus personnel. [...] La plupart n'avaient aucune appartenance idéologique, comme ces Bretons qui se rallièrent en masse à l'époque. Très peu de recrues avaient déjà, comme moi, un vécu politique[1]. »

Pour étayer son propos, le polémiste utilise régulièrement la figure de Simon Epstein[2]. L'historien lui a récemment répondu dans une tribune au vitriol : « Il me cite souvent en accentuant mon propos et en m'attribuant des conclusions qui sont siennes et non pas miennes. Il brandit de temps en temps un "comme l'écrit l'historien Simon Epstein" pour énoncer quelque chose que je n'ai pas écrit comme il le dit, ou pis encore, que je n'ai pas écrit du tout[3]. » L'argument d'autorité tombe.

Éric Zemmour ne s'arrête pas au relativisme et va jusqu'à la critique. Ses propos sur les modes d'action des résistants et la légitimité de leur combat républicain, notamment en ce qui concerne les communistes, sont pour le moins ambigus. Il affirme, en

1. Interview de Daniel Cordier pour *Le Monde* : « Les premiers résistants venaient de tous les horizons », 17 octobre 2014.

2. Simon Epstein, *Les Dreyfusards sous l'Occupation*, Albin Michel, 2001 ; *Un paradoxe français. Antiracistes dans la Collaboration, antisémites dans la Résistance*, Albin Michel, 2008.

3. Tribune de Simon Epstein, « Zemmour d'un point de vue juif », Le DDV, 2 novembre 2021.

novembre 2018 : « On a eu la guerre civile. La guerre civile, [ce sont] les communistes qui l'ont commencée en exécutant des Français qui étaient collaborateurs. C'est dès 1941 et [ce sont] les communistes qui ont poussé à la guerre civile[1]. » Dans la même logique, il critique aussi régulièrement l'action résistante du colonel Fabien et lui attribue la responsabilité des exécutions et des otages qui ne seraient que des représailles. Avec ce verbe qui semble davantage excuser qu'expliquer : « La Milice est la réponse aux communistes[2]. »

La réhabilitation de la thèse du « glaive et du bouclier »

Partant, il n'y a aucune raison pour qu'Éric Zemmour n'applique pas le même relativisme au sommet de l'affrontement entre résistants et collaborateurs. La même logique le conduit à exhumer la thèse rancie du « glaive et du bouclier » selon laquelle le général de Gaulle et le maréchal Pétain auraient, chacun à sa manière et de façon complémentaire, défendu la France. Non seulement cette

1. « L'Heure des pros », CNews, novembre 2018.
2. *Répliques*, France Culture, 17 novembre 2018.

théorie, celle des avocats de Pétain au cours de son procès ou de l'historien Robert Aron[1], réfute l'évidente implication de Vichy dans la collaboration avec l'Allemagne nazie, sur laquelle je reviendrai, mais elle nie les différences fondamentales qui existent entre les conceptions de la France et les combats des deux hommes de juin 1940.

Dans un ouvrage remarquable et richement documenté[2], l'ancien secrétaire général de l'Élysée Frédéric Salat-Baroux dépeint l'opposition fondamentale qui existe entre les deux hommes en des termes parfaitement choisis : « [Ils] vont se faire les porte-drapeaux de ces deux France qui n'ont cessé de s'affronter depuis la Révolution. [...] Arrivé au pouvoir, [Pétain] va imposer un régime d'essence contre-révolutionnaire. [...] De Gaulle, pourtant issu d'une famille monarchiste et cléricale, va faire le chemin inverse. Il comprend que cette "France éternelle", qu'il aime passionnément, est désormais indissociable des idées républicaines et de progrès. »

Cette opposition, qui se cristallise entre 1940 et 1944, est profonde. Pétain est antidreyfusard, de Gaulle est convaincu de l'innocence de Dreyfus.

1. Robert Aron, *Histoire de Vichy*, Fayard, 1954.
2. Frédéric Salat-Baroux, *De Gaulle-Pétain. Le destin, la blessure, la leçon*, Robert Laffont, 2010.

L'un est défaitiste – ainsi Clemenceau rapportera que Pétain lui a confié au début de l'année 1918 penser que les Allemands allaient les battre –, l'autre croit résolument dans la France. Le premier est antisémite, le second ne supporte pas cette discrimination[1]. Quand Pétain saisit délibérément la première occasion pour mettre en place un régime autoritaire et détruire la République, de Gaulle la rétablira à l'instant même de la Libération.

La réhabilitation de Vichy et la déculpabilisation de la collaboration

Le point culminant de ces relativismes, c'est le révisionnisme historique sur la responsabilité du régime de Vichy dans la collaboration. Derrière la remise au goût du jour du mythe du « glaive et du bouclier » se cache en effet la volonté de nier l'implication de l'État français dans la collaboration,

1. André Weil-Curiel, dans *Le jour se lève à Londres* (Éditions du Mythe, 1945), raconte que, répondant à un commandant qui s'étonne de voir nommé un Juif à un poste de responsabilité au sein de la France libre, le général de Gaulle a répondu, ferme : « Je ne connais que deux catégories de Français : ceux qui font leur devoir et ceux qui ne le font pas. M. Boris fait son devoir. Il a sa place ici. C'est la dernière fois que je veux entendre des remarques de ce genre. »

de dédouaner Pétain de ses responsabilités et même d'aller jusqu'à affirmer que Vichy a protégé et sauvé les Juifs français. Il convient, sur ce sujet grave, de contredire Éric Zemmour point par point.

D'une manière générale, réduire à la portion congrue le rôle de Pétain dans la déportation des Juifs de France est une imposture. Ce dernier a validé sans ciller les lois sur le statut des Juifs et ne s'est pas opposé un instant aux rafles et aux mesures antisémites de Pierre Laval ou de René Bousquet. L'argument qui consiste à en faire des exigences allemandes ne résiste pas non plus à l'examen des faits. La loi du 3 octobre 1940, premier statut des Juifs, qui définit la prétendue « race juive » et interdit des professions à ceux qui entrent dans ses critères, n'est pas imposée par l'Allemagne nazie et le vieux maréchal prend part à sa définition avec une forme de zèle[1].

Par la suite, les rafles menées par des policiers et gendarmes français, les camps d'internement sous commandement vichyste, le choix de

1. Dans *Neuf mois au gouvernement*, le ministre de Vichy Paul Baudouin, cité par Frédéric Salat-Baroux dans l'ouvrage précédemment évoqué, témoigne ainsi : « Long Conseil des ministres où pendant deux heures est étudié le statut des Israélites. C'est le Maréchal qui se montre le plus sévère. Il insiste en particulier pour que la justice et l'enseignement ne contiennent aucun juif. »

Laval de faire également arrêter, lors de la rafle du Vél' d'Hiv', les enfants, quand les Allemands ne demandaient aucune arrestation en dessous de 16 ans, sont autant de preuves d'un engagement proactif de Vichy dans la collaboration. Nier l'existence d'une continuité, partant des statuts des Juifs et menant aux rafles, est une tromperie. Le second commissaire général aux questions juives, Louis Darquier de Pellepoix, est résolument partisan d'une logique exterminatrice. L'activisme et la diligence de René Bousquet, secrétaire général de la police de Vichy et planificateur de la rafle du Vél' d'Hiv', dans l'arrestation des Juifs étrangers ne fait pas plus de doute pour les historiens qui déconstruiront d'ailleurs intégralement son discours selon lequel il s'agissait de l'unique moyen de sauver les Juifs français. En réalité, il devance et amplifie les exigences allemandes. Les contrevérités d'Éric Zemmour ont été largement démenties par de nombreux historiens depuis le début des années 1960 : Eberhard Jäckel[1], Jean-Pierre Azéma[2], Serge Klarsfeld, ou encore Robert Paxton[3] ont démontré que le régime de Vichy a collaboré pleinement et

1. Eberhard Jäckel, *La France dans l'Europe de Hitler*, Fayard, 1968.

2. Jean-Pierre Azéma, *La Collaboration. 1940-1944*, PUF, 1975.

3. Robert Paxton, *La France de Vichy*, Seuil, 1973.

volontairement avec l'Allemagne d'Hitler jusqu'à la fin de la guerre. Vichy met son administration et sa police au service de l'ennemi et de la Solution finale. Jean Daniel, dans son ouvrage posthume, s'arrête sur la responsabilité toute particulière de Pétain en développant un argument primordial : l'un de ses crimes les plus atroces a sans doute été de profiter de la confiance que la Nation plaçait en lui pour la démobiliser : « [...] j'ai compris que c'était lui qui avait été responsable, du fait de sa gloire ancienne, de tous les aveuglements et de tous les crimes perpétrés en son nom. [...] L'un des crimes de Pétain c'est d'avoir pendant un moment désarmé tant d'énergies, suscité tant d'illusions[1] ».

Pour préciser son propos, Éric Zemmour va jusqu'à affirmer que Vichy aurait, en livrant les Juifs étrangers, protégé les Juifs français, que 90 à 95 % d'entre eux auraient ainsi été sauvés. D'abord, dans un tel brouillard intellectuel, il ne me semble pas inutile de rappeler que livrer les Juifs étrangers n'est pas un moindre mal et constitue déjà un crime abominable. Ensuite, les faits démentent les propos d'Éric Zemmour. Les statuts des Juifs visent, dès le départ, les Français et les

1. Jean Daniel (avec Benoît Kanabus), *Réconcilier la France. Une histoire vécue de la Nation*, Éditions de l'Observatoire, 2021.

étrangers sans distinction. De même, des rafles sont menées directement contre des Juifs français. C'est le cas en janvier 1943 à Marseille où, parmi les près de 800 Juifs déportés, figurent 570 Français. C'est également le cas dans plusieurs rafles menées au début de l'année 1944, alors que tous les Juifs étrangers avaient déjà été déportés. Enfin, les chiffres avancés par Éric Zemmour sont également largement démentis par les travaux de l'historien Laurent Joly[1]. D'après lui, sur les 74 150 Juifs déportés en France, 24 000 étaient français. De même, si 84 % des Juifs français ont survécu (et non 90 ou 95 %, comme l'affirme le polémiste), ce n'est pas à Vichy qu'on le doit. C'est d'abord lié à la structure de peuplement française qui comporte alors peu de ghettos ethniques, qui facilitent les arrestations ciblées. C'est aussi lié à l'action des Justes et de certains policiers ou fonctionnaires qui, individuellement, fermaient les yeux. Si des Juifs ont été sauvés, c'est grâce aux Français et à leurs valeurs universelles. Comme le dit très justement Alain Finkielkraut, si des Juifs français ont été sauvés, c'est « malgré Vichy et non grâce à lui[2] ».

1. Laurent Joly, *L'État contre les Juifs. Vichy, les nazis et la persécution antisémite*, Grasset, 2018.
2. *Répliques*, France Culture, 17 novembre 2018.

Éric Zemmour explique vouloir libérer les Français de cette culpabilisation qui les ronge. Il est vrai que le « syndrome de Vichy » décrit par Henry Rousso a, encore aujourd'hui, des conséquences négatives dans le débat public, comme l'analyse à juste titre le journaliste Antoine Vitkine dans une tribune récemment parue[1]. Pour autant, il est inacceptable que cela puisse passer par ce dédouanement mensonger. En relativisant son importance, Éric Zemmour veut faire assumer aux Français cette part sombre. S'il faut regarder l'intégralité de notre histoire en face, cela ne signifie pas pour autant qu'il faut tout assumer au sens d'accepter, de reprendre à son compte, de faire une place dans l'histoire commune. Se dire que la vraie France était à Londres, oui. Nier ou atténuer les horreurs de l'État français, non.

La réhabilitation des tortionnaires d'Algérie

Le refus de confesser toute responsabilité dans des crimes ne se limite pas à la seule période de l'occupation. Éric Zemmour porte en lui la blessure

1. Antoine Vitkine, « Éric Zemmour exploite le sentiment de honte né de Vichy au profit d'une pensée réactionnaire et xénophobe », *Le Monde*, 25 octobre 2021.

incontestable de la guerre d'Algérie, et du départ des siens de cette terre. Avec des mots d'une particulière violence, il a critiqué, en septembre 2018, la décision du président Macron de reconnaître, au nom de la République française, que le militant indépendantiste Maurice Audin a été torturé puis exécuté ou torturé à mort par des militaires français en Algérie : « On peut reconnaître qu'il a été torturé, mais moi je pense qu'il méritait douze balles dans la peau. C'était un traître, c'était un type qui était contre la France, qui aidait le FLN à tuer des Français et, accessoirement, des harkis et des musulmans, à les massacrer. [...] Ce type a pris les armes contre la France[1]. »

Je suis parfois sceptique à propos de certaines des initiatives et des discours concernant l'Algérie et notre histoire commune, mais j'avais personnellement eu l'occasion de saluer publiquement cette déclaration d'Emmanuel Macron. Pour que l'État reste fort, il faut qu'il puisse reconnaître les erreurs de ceux qui ont mal agi en son nom. La torture que certains militaires français ont utilisée en Algérie est inacceptable. Par la violence de ses propos, Éric Zemmour légitime l'action des tortionnaires. Dans ce même entretien, il déclare d'ailleurs : « La

1. Interview dans *L'Opinion* du 18 septembre 2018.

torture, vous savez, ça a permis quand même d'arrêter les attentats. »

De surcroît, Éric Zemmour manie une fois de plus le mensonge. De nombreux historiens, comme Jean Monneret, se sont ainsi inscrits en faux vis-à-vis de cette description de Maurice Audin. Pour Benjamin Stora comme pour François-René Julliard, il n'aurait jamais pris les armes contre la France, il n'aurait d'ailleurs fait qu'héberger des membres du parti communiste algérien et non des poseurs de bombes ou des membres du FLN.

Brouiller la frontière entre le bien et le mal

C'est ce même relativisme qui a conduit Éric Zemmour à affirmer avoir du « respect » pour les djihadistes[1]. Non, tout ne peut pas être mis sur le même plan et le goût pour l'Histoire ne peut en aucun cas conduire à respecter une folie meurtrière dirigée contre notre pays. En sus d'être profondément abjects, ces propos sont aussi totalement contre-productifs. Lorsqu'il fait référence au caractère « combattant » de Mahomet et affirme que Salah Abdeslam, lors de son procès, « se comporte

1. Voir note page 13.

en musulman impeccable[1] », il croit nourrir sa démonstration, classique et erronée, d'un islam incompatible avec la République. Il se trompe et sert en réalité la soupe au discours islamiste dont il partage, à cet instant, exactement les propos. Tous ces prédicateurs de haine prêchent depuis des années qu'être un bon musulman consiste à importer le djihad en France. Lorsque Éric Zemmour qualifie Salah Abdeslam de « musulman impeccable », il donne raison aux islamistes, il ne démontre pas une incompatibilité de l'islam avec la République, il contribue à la créer. Bien loin de ce discours en forme de complaisance, j'ai été de mon côté le premier à parler de cette guerre qui nous est menée, à mettre des noms sur la réalité en évoquant la montée de l'antisémitisme, l'émergence de l'islam politique, le danger des Frères musulmans et du salafisme, m'opposant à l'islamo-gauchisme, cette alliance de l'ultragauche et de l'islamisme. L'un des premiers aussi à dénoncer l'antisionisme – autre forme d'antisémitisme virulent – et la haine d'Israël, à m'inquiéter du départ massif des Français juifs de nombreux quartiers populaires de la banlieue parisienne, en proie à un antisémitisme quotidien. J'ai contribué à lutter contre toutes ces idéologies

1. « Face à l'info », CNews, 10 septembre 2021.

mortifères, d'où mon combat politique contre Dieudonné et ses discours de haine en 2013. C'est pour tout cela que je ne peux accepter les propos d'Éric Zemmour ou son indulgence à l'égard de Tariq Ramadan ou de Dieudonné.

Je ne peux pas davantage accepter ses horribles attaques proférées à l'occasion des dernières commémorations des attentats du 13 Novembre, contre le président François Hollande qu'il a accusé d'avoir à l'époque « préféré que des Français meurent plutôt que d'empêcher des migrants de venir en France[1] », de « [ne pas avoir] protégé les Français et [d'avoir] pris une décision criminelle de laisser les frontières ouvertes[2] ». Ces allégations sont inadmissibles du point de vue du lieu et du moment choisis, un jour de recueillement et de deuil ; intolérables sur la forme car accusatrices, diffamatoires, calomniatrices ; irrecevables sur le fond également car je peux témoigner, comme ministre de l'Intérieur, puis Premier ministre, que toute l'action du gouvernement et de l'État était alors dirigée vers la lutte contre le terrorisme, de nos opérations à l'international à notre action législative, avec notamment

1. Discours d'Éric Zemmour à Bordeaux, 12 novembre 2021.
2. Prise de parole d'Éric Zemmour devant le Bataclan, à Paris, 13 novembre 2021.

une grande loi sur le renseignement en juillet 2015, en passant, bien sûr, par l'action des forces de sécurité et de la justice, ainsi que des services administratifs, ayant d'ailleurs permis de déjouer un certain nombre d'attentats. Faire croire que nous serions restés les bras croisés est une insulte et surtout un mensonge dont le seul but est de semer le doute et la haine, d'exister par la polémique quitte à abîmer la mémoire de ceux qui sont morts et à qui je pense, depuis, chaque jour de ma vie.

Ainsi, par une action minutieuse de réhabilitation, de révisionnisme et de relativisme, Éric Zemmour parvient à brouiller les pistes et à gommer les différences qui existent entre le bien et le mal. Il use d'une prétendue complexité historique pour décliner un cheminement intellectuel complet et construit qui vise à dédouaner les ennemis de la République.

Contrairement à ce qu'Éric Zemmour croit, le révisionnisme et le relativisme sont en réalité les ennemis de la fabrication du commun. La reconnaissance de la responsabilité de l'État français peut au contraire, dans certains cas, s'avérer utile. Elle sert à entretenir un devoir de mémoire et contribue à rendre notre nation meilleure. Elle doit néanmoins s'accompagner d'une importante valorisation de ceux qui, dans ces moments, ont refusé la facilité et incarné la France lorsque l'État ne le faisait plus lui-même.

Chapitre 3

Prophétiser la guerre civile pour se poser en homme providentiel

À travers cette histoire réinterprétée, et parfois même réécrite, Éric Zemmour cherche à donner une place aux pires idéologies et méfaits dans le roman national. Chaque mot est pesé et participe d'un même objectif. Décrédibiliser l'action historique de la gauche européenne, faire croire à la culpabilité de Dreyfus, relativiser l'antisémitisme des antidreyfusards, nuancer l'apport de la Résistance, ou encore justifier les tortures en Algérie sont autant de manières de remettre au centre de la grandeur de la France des idées et des hommes qui l'ont en réalité conduite à sa perte.

Si Éric Zemmour cherchait vraiment à redonner leur fierté aux Français, la véracité historique et les faits positifs occuperaient une place bien plus importante dans ses propos. Personne ne doit s'y tromper, son discours sert la seule extrême droite et vise la victoire du populisme qu'il représente.

Il s'agit pour lui de nourrir un sentiment de décadence qui appellerait une réaction d'ampleur. À partir de l'Histoire, Éric Zemmour prophétise ainsi le futur : face à la guerre civile qui menace, sa vision et ses solutions deviendraient alors incontournables.

La menace de « grand remplacement » et de « guerre civile »

Au-delà des faits historiques, ce sont les chiffres qu'Éric Zemmour manipule pour parvenir à ses fins. L'immigration est, bien entendu, l'exemple le plus frappant. Sur ce sujet, il manie si bien l'art de la rengaine, et paraît si sûr de lui, que ses assertions tranchantes sont écoutées et entendues par les Français.

La plus percutante voudrait que l'immigration légale en France représente annuellement l'équivalent de la ville de Nice, soit entre 350 000 et 400 000 personnes. Il obtient ce faux chiffre en additionnant le nombre de titres de séjour délivrés par la France à des ressortissants de pays tiers et un nombre de demandeurs d'asile, obtenu par un savant calcul qui cherche à différencier ceux qui obtiennent l'asile, ceux qui restent alors qu'ils devraient quitter le territoire, etc. En bref, un travail peu sérieux qui aboutit à un résultat faussé. D'abord, une partie des demandeurs d'asile obtiennent ensuite un titre de séjour. Additionner ces deux statistiques revient donc à compter deux fois une part substantielle d'entre eux. Ensuite, il ne prend pas en compte les sorties migratoires, considérant, sans jamais avancer de précisions, que ce seraient avant tout des Français qui s'expatrient. Pourtant, le solde migratoire des immigrés, donnée qui permet d'isoler les seules entrées et sorties du territoire des immigrés, s'établit à + 198 000 personnes en 2017 selon l'Insee[1]. C'est bien entendu encore plus frappant au niveau agrégé : lorsque le polémiste argue qu'à la fin du quinquennat Macron, 2 millions d'immigrés légaux supplémentaires par rapport au début de ce même quinquennat se seront installés en France, nous sommes en réalité plutôt autour d'un million.

Ces chiffres sont importants et je ne cherche pas à nuancer la vague migratoire puissante que connaît notre pays et la nécessité de débattre de son

1. « En 2017, 44 % de la hausse de la population provient des immigrés », Insee Première, n° 1849, avril 2021.

opportunité[1], mais l'exagération et le mensonge n'alimentent que la peur et la haine. Ses amalgames entre islamistes et musulmans, son dogme de l'islam qui serait intrinsèquement incompatible avec la République viennent parachever une psychose qui ne fait que dresser les Français les uns contre les autres. Sur ce sujet, je n'ai jamais, bien au contraire, nié qu'il existait un débat au sein de l'islam, malade de l'islamisme. Une minorité non négligeable de musulmans considère aujourd'hui la charia comme supérieure aux lois de la République – la part est plus importante chez les jeunes –, ce qui démontre l'ampleur du défi qui est devant nous. Mais nous devons rejeter toute confusion qui fait en réalité le jeu des radicaux et de l'islam politique.

Il n'en demeure pas moins que tous ces mensonges et tous ces raccourcis servent à donner du grain à moudre à la théorie du « grand remplacement ». N'oublions pas que les groupes identitaires ou néonazis, admirateurs de Breivik, l'auteur des tueries de masse d'Oslo et d'Utøya, se nourrissent de cette rhétorique. Gardons à l'esprit que le tueur de Christchurch, en Nouvelle-Zélande, responsable de la mort de dizaines de fidèles dans

1. Manuel Valls, « Immigration, tout repenser à partir de zéro », *Le Figaro*, 28 septembre 2021.

deux mosquées, s'est dit inspiré par les théoriciens français du « grand remplacement ». Peu importe alors que les chiffres avancés soient faux, le mal est fait et le poison infuse.

Éric Zemmour présente la France comme une « citadelle assiégée », une « nation en voie d'effondrement ». Les parallèles avec 1940 sont à peine cachés. La rhétorique d'une guerre civile menaçante, voire déjà là, vient boucler la boucle. Mais, force est de constater que le polémiste participe, sur ce sujet, d'une prophétie autoréalisatrice.

Jean-Louis Bourlanges, président de la commission des affaires étrangères de l'Assemblée nationale, a ainsi qualifié la logique intellectuelle zemmourienne de « pétainiste[1] ». La solution à tous les malheurs du pays reposerait sur l'exclusion de la communauté nationale d'une minorité. Pour Pétain, c'étaient les Juifs, pour Zemmour, ce sont les musulmans. Derrière l'Histoire, se dresse ainsi l'avenir.

1. Entretien de Jean-Louis Bourlanges au journal *Le Point*, 23 octobre 2021.

Éric Zemmour se présente en homme providentiel

Ce futur sombre prophétisé, Éric Zemmour s'évertue à réprouver, et même à en rendre responsable, l'héritage de la Révolution et de la République. Ce seraient la prétendue trop grande générosité française, la pseudo-faiblesse des démocraties représentatives, la supposée décadence de nos politiques familiales, notre présumée soumission à l'Europe, ou notre angélisme putatif sur la question de l'islam qui auraient amené la France au bord du gouffre. C'est toute la thèse de son ouvrage *Le Suicide français*, symbole par excellence du déclinisme. Les Français sont sensibles à ce discours dans un climat de ressentiment, d'insécurité culturelle et de déclassement social, très bien analysé par Cynthia Fleury[1].

L'héritage humaniste et républicain acculé, il faut alors promouvoir un nouvel idéal. Comme Pétain en 1940, il s'agit de décrédibiliser notre système et d'y substituer de nouvelles valeurs morales et un nouveau mode de gouvernement.

1. Cynthia Fleury, *Ci-gît l'amer. Guérir du ressentiment*, Gallimard, 2020.

Les modèles politiques d'Éric Zemmour en disent long sur la manière de gouverner qu'il envisage et les idées qu'il entend défendre. Il vante régulièrement les mérites de la politique conservatrice du Premier ministre hongrois Viktor Orbán – tout comme Marine Le Pen et Marion Maréchal d'ailleurs –, y compris ses discriminations envers les homosexuels, sa vision de l'institution judiciaire ou ses excès sur la politique migratoire. Au début de l'année 2021, il a également regretté la défaite de Donald Trump et revendiqué que « le trumpisme, et le populisme en général, restent quand même le mouvement de l'avenir », face à une double crainte des peuples, « le grand remplacement et le grand déclassement[1] ». Cela l'a d'ailleurs conduit à minimiser l'attaque du Congrès par des militants pro-Trump, image qui a pourtant choqué beaucoup de nos compatriotes. Il ne faut pas alors s'étonner des louanges qu'il reçoit de Steve Bannon, le stratège du trumpisme.

Zemmour le dit en pensant à lui-même : il faudra que, de la même manière, en France, quelqu'un « lève le drapeau ». Il se voit en homme providentiel, leader de cette révolution conservatrice et portant au pouvoir ses idées discriminatoires et excluantes. Même s'il n'y parvenait finalement

1. « Face à l'info », CNews, 6 janvier 2021.

pas, il entend *a minima* contribuer à la création d'un bloc politique réactionnaire – par exemple à l'occasion des élections législatives avec le RN et une partie des LR – qui représenterait un grave danger pour la démocratie. En effet, le politicologue Jean-Yves Camus[1] a bien montré que le polémiste agrège tous les pires mouvements extrémistes, négationnistes et ultracatholiques qui rejetaient autrefois l'ensemble de la sphère politique, y compris les Le Pen : Renaud Camus, inventeur du concept de « grand remplacement », le voit comme « une source de grande espérance[2] » ; les militants de l'Action française ou de Génération identitaire, qu'Éric Zemmour avait défendue lors de sa dissolution[3], constituent les premiers rangs

1. Jean-Yves Camus, « Éric Zemmour : un discours qui libère la parole extrémiste », article pour la Fondation Jean-Jaurès, novembre 2021.

2. Interview de Renaud Camus, CNews, 31 octobre 2021.

3. Cette association a été dissoute en mars 2021 pour ses discours incitant à la haine et à la violence envers des individus en raison de leur origine ou de leur religion, pour sa forme et son organisation paramilitaires et pour ses liens avec de nombreux groupes suprémacistes, le terroriste des attentats de Christchurch ayant été, par exemple, « membre bienfaiteur » de cette dernière. Éric Zemmour avait à cette occasion défendu Génération identitaire, affirmant qu'il s'agissait d'une « victime du "en même temps" » lors d'une interview au Figaro Live le 17 février 2021 ou d'un « deux poids, deux mesures » lors du « Face à l'info » du 15 février 2021.

de ses équipes jeunes ; l'antijuif Hervé Ryssen le soutient malgré son antisémitisme, considérant que lorsqu'un Juif ne tient pas « le discours dominant », alors il « n'est pas juif[1] » ; le parti politique ultra-catholique Civitas partage tous ses constats et seule la judéité de Zemmour l'empêche de le soutenir ; le youtubeur masculiniste Papacito le voit comme une « bouffée d'oxygène énorme[2] »... Cette reviviscence témoigne d'une inquiétante désinhibition qui, dans un contexte de montée de la violence dans la société tout entière, me fait craindre un passage à l'acte de l'ultradroite. Face au réveil de la bête immonde, les républicains doivent réaffirmer la prééminence de leurs valeurs.

1. Boucle Telegram d'Hervé Ryssen, message du 27 octobre 2021.
2. Interview de Papacito par le média Livre noir, 5 octobre 2021.

Seconde partie

Le camp républicain doit proposer sa vision historique

Éric Zemmour expose en réalité une vision simpliste de l'histoire de France. C'est le propre du déclinisme que de romancer un idéal passé de grandeur regrettée et de tracer une ligne continue de décadence, qui viendrait se fracasser sur le mur du présent.

Les causes du déclin se résumeraient finalement en peu de mots : ce que nous sommes. Si nous en sommes là, selon lui, c'est parce que nous avons été trop généreux, trop sociaux, trop humanistes, trop universalistes : en bref, trop républicains.

Au-delà même de tous les raccourcis et mensonges historiques que les pages précédentes ont permis de mettre au jour, il importe d'affirmer haut et fort que le pays décrit par Éric Zemmour n'existe pas et n'a jamais existé. À une instrumentalisation politique de l'Histoire, je choisis d'opposer une autre vision, non moins politique. Non, la France n'est pas restée statique et immuable. Elle s'est construite progressivement, a recueilli divers héritages, les a assimilés mais a également évolué avec eux, sans jamais pour autant renier ce qu'elle est. Non, la France n'est pas infaillible non plus. Ses institutions et ses dirigeants ont parfois commis des erreurs qu'il faut accepter sans jamais ni les relativiser, ni en tenir rigueur au peuple pour le culpabiliser éternellement. Regarder nos erreurs en face est un devoir ; les excuser, les atténuer ou les justifier est une injure. Non, la France ne s'abaisse pas quand elle défend l'héritage de l'humanisme des Lumières, de la Révolution et de la République. Elle est dans son rôle. Lorsque notre pays a fauté, c'est d'ailleurs que l'État avait tourné le dos à cet héritage et à ces valeurs. Par chance, il y en avait toujours quelques-uns se battant pour les rétablir.

L'Histoire doit être convoquée avec parcimonie. Tant qu'elle aide à faire nation et à construire un futur commun, il faut la mobiliser. Quand elle devient un moyen de dévaloriser le présent et d'anéantir toute perspective d'avenir, elle est destructrice et doit être écartée. Alors de cette histoire de France, dont nous héritons entièrement, il faut tirer le meilleur. Ne pas en faire une nostalgie, mais un exemple pour l'avenir. Le grand devoir des républicains est de proposer, face à celui du polémiste, un autre récit national, le vrai, celui qui fait que la France parle encore aujourd'hui au monde. Il faut choisir de montrer aux Français ce qu'elle a inventé et fait de mieux. Il faut exalter et ériger en exemples les idées et les hommes qui ont fait avancer notre pays. De cette manière seulement, nous referons nation. C'est le seul moyen pour que la France d'Éric Zemmour n'existe jamais.

Chapitre 1

Privilégier la volonté de faire nation

Les républicains doivent d'abord restaurer la tradition française du sentiment national. Je ne cesse de le répéter car il s'agit pour moi du grand malheur de la France d'aujourd'hui : le débat public est pollué par ces identitaires des deux rives qui, dans un pas de deux diabolique, s'entendent sur une vision raciale de la société. Les discours politiques communautaires se multiplient. On ne parle plus à la Nation tout entière mais l'on s'adresse uniquement à des groupes d'individus.

Chez une certaine gauche, on parle de « créolisation » et, partant, on catégorise les individus en fonction de leurs origines. Cherchant probablement au départ à bien faire, on analyse la société par le biais du concept de l'intersectionnalité des oppressions, contribuant là aussi à séquencer la Nation en une multitude de groupes aux fondements ethniques, culturels, religieux ou de genre.

À l'extrême droite, on manie également volontiers la notion de race et l'on ne présente la Nation que comme le résultat de faits objectifs et d'une forme de déterminisme. Cette conception est de nature à écarter, de façon définitive, nombre de nos compatriotes, issus de l'immigration ou musulmans le plus souvent.

Ces deux visions de la société, qui paraissent s'opposer, sont en réalité d'accord sur l'essentiel et manient le même vocabulaire. Zemmour et les « *woke* » ont cela en commun qu'ils définissent régulièrement les personnes à travers leur genre et leur couleur de peau : « homme blanc ou noir », « femme blanche ou noire ».

Face à cette convergence des divisions, l'Histoire nous offre un horizon : la France n'a jamais eu pour exclusive origine la question ethnique, elle a toujours constitué un choix politique. Alors que l'idée de nation est aujourd'hui utilisée pour exclure, elle a été une notion émancipatrice et pleine de promesses. Renouons avec cette conception de l'identité nationale.

La France a toujours privilégié la volonté sur les déterminismes

À travers l'Histoire, deux principales conceptions concurrentes se sont violemment opposées jusqu'à se mener des guerres. D'un côté, la conception « objective » considère, assez logiquement, que la Nation repose sur des éléments objectifs. Ce qui lie les individus les uns aux autres, c'est alors l'ethnie, la « race » aurait-on dit à une autre époque, heureusement (presque) révolue. La conception « subjective » pense au contraire que la Nation se construit à travers le désir des peuples de vivre ensemble. Ce qui lie les individus les uns aux autres, c'est alors uniquement la volonté.

La vision objective est affreusement déterministe. C'est la naissance, c'est ce que l'on est, qui va entraîner, de façon automatique, une appartenance. La vision subjective valorise quant à elle bien davantage les concepts de liberté et de choix. L'appartenance part de ce que l'on souhaite. C'est cette seconde vision qui a construit notre pays.

Les historiens qualifient en effet la première vision d'« allemande », car c'est dans ce pays qu'elle est véritablement née et qu'elle a été érigée en modèle, et la seconde de « française », parce que c'est l'héritage de la construction de notre État, puis de la Révolution. En France, l'État a précédé la Nation. Aucune harmonie linguistique ou ethnique ne pouvait être à l'origine d'une union de Bretons, de Catalans, de Basques, ou d'Alsaciens. Aucune considération géographique n'allait non plus de soi. Comme le rappelle Jean Daniel[1] s'appuyant sur les propos de Fernand Braudel, l'« impureté » des origines françaises ne fait pas de doute. L'union des multiples tribus qui ont progressivement constitué un seul peuple français n'a pu intervenir qu'avec, d'abord, l'autorité centralisatrice des Romains. Cette œuvre sera poursuivie par les rois capétiens qui ont ainsi fait émerger une construction politique contribuant à créer un sentiment d'appartenance. La Révolution, puis la République, poursuivront cette grande œuvre monarchique d'unification du pays – qui doit aussi beaucoup à Napoléon Ier – sans laquelle, comme le dit Jean Daniel, les « Français seraient restés des étrangers les uns pour les autres et sans [laquelle] la France n'existerait pas ». Mais en mettant fin au despotisme, elles y adjoindront l'idéal essentiel du droit des peuples à disposer d'eux-mêmes. La volonté devient un élément de

1. Jean Daniel (avec Benoît Kanabus), *Réconcilier la France*, *op. cit.*

construction de la communauté nationale. Fustel de Coulanges résume ce message en une magnifique formule : « La patrie, c'est ce qu'on aime[1]. »

En érigeant le consentement en condition unique d'appartenance à la Nation, les républicains établissent une collectivité politique et non fataliste. Jules Michelet condense cette idée avec éclat : « La France a fait la France et l'élément fatal de la race m'y semble secondaire. Elle est fille de sa liberté[2]. » Si la collectivité peut envisager un futur commun, c'est ainsi beaucoup plus parce qu'elle s'est choisie que parce qu'elle a des caractéristiques communes. Un dernier auteur, Ernest Renan, exprime cela remarquablement, dans des termes bien connus : « [Une nation] suppose un passé ; elle se résume pourtant dans le présent par un fait tangible : le consentement, le désir clairement exprimé de continuer la vie commune[3]. »

Si cette dichotomie est assez scolaire – les choses réelles étant toujours plus complexes –, elle reflète néanmoins ce qui oppose aujourd'hui les républicains à Éric Zemmour. Héritier de Maurice Barrès

1. Fustel de Coulanges, *L'Alsace est-elle allemande ou française ? Réponse à M. Mommsen*, 1871.

2. Jules Michelet, *Histoire de France*, Hachette, 1833-1867.

3. Ernest Renan, conférence en Sorbonne, *Qu'est-ce qu'une nation* ?, 1882.

et de Charles Maurras, il valorise davantage la conception nationaliste et déterministe, niant complètement ce qui a fait la France. Il n'hésite d'ailleurs pas à employer le terme de « race ».

Être partisan, comme je le suis, de la seconde vision, ce n'est, bien entendu, pas nier que des facteurs objectifs puissent participer de l'identité française. Ses racines chrétiennes sont ainsi indiscutables, tout comme l'importance de la langue, illustrée par la très grande hostilité des républicains de la IIIe République aux dialectes régionaux. C'est néanmoins considérer, comme Alain Finkielkraut citant Emmanuel Levinas, que la France est une nation « à laquelle on peut s'attacher par le cœur et par l'esprit aussi fortement que par les racines[1]. »

Il s'agit toujours d'équilibre. Les mots de Jean Daniel sont, là encore, très éclairants. Selon lui, « on ne peut pas penser le génie français sans les cathédrales et sans la Révolution[2] ». Citant Charles Péguy, il convoque le « peuple bâtisseur de cathédrales » pour faire référence à l'héritage chrétien de la France ; mentionnant Michelet et son ode à la Révolution, il invoque le dessein

1. Alain Finkielkraut dans « Le Grand Rendez-vous », Europe 1, CNews, 24 octobre 2021.

2. Jean Daniel (avec Benoît Kanabus), *Réconcilier la France*, *op. cit.*

politique de la République française. Selon lui, et je n'ai rien à enlever à ses mots, la France ne peut se comprendre et se vivre que dans la conciliation entre la tradition et la volonté, entre l'héritage et le projet. J'ajoute d'ailleurs que derrière l'hommage de Péguy aux constructeurs de cathédrales, se glisse aussi une formidable estime pour la valeur travail, émancipatrice et intégratrice. Nous avons aujourd'hui besoin de ces constructions communes : il faut que la France trouve ses cathédrales laïques.

L'alternative au communautarisme

Éric Zemmour valorise une acception excluante de la Nation. Si l'on n'est pas « de race blanche », si l'on n'est pas chrétien, si notre culture d'origine n'est pas française, alors on est présumés ne pas appartenir à la communauté nationale. Ce faisant, il dessert son propre objectif, puisqu'il contribue à rétablir dans la sphère publique les différences de chacun et favorise ainsi le communautarisme.

La conception subjective de la Nation a ce grand mérite de prioriser l'appartenance commune, tout en laissant une place aux différences individuelles. Dans l'idéal qu'elle défend, tous les Français forment une seule et même nation, c'est-à-dire une entité une et indivisible. Ils partagent tous la même culture, les mêmes grandes valeurs républicaines, héritage d'une longue histoire universaliste. D'où qu'ils viennent à l'origine, quelle que soit leur religion, ils partagent les idéaux de liberté, d'égalité, de fraternité et de laïcité. L'appartenance à la France, parce qu'on l'a choisie, est prioritaire. En second plan, et dans le respect des valeurs et des lois républicaines, peuvent demeurer des différences, qu'elles soient culturelles ou religieuses. Elles sont toutefois secondaires et cantonnées à la sphère privée.

Si cet idéal n'est aujourd'hui pas atteint dans notre pays, c'est la faute de nombreux échecs et renoncements, encore et toujours liés à notre enfermement dans la tenaille identitaire.

Nous avons trop cédé à l'extrême gauche et avons cessé de valoriser la fierté nationale et d'insuffler un fort sentiment d'appartenance. Au contraire, nous avons contribué à rabaisser la France en substituant trop souvent la seule repentance de nos échecs aux commémorations de nos réussites. Je n'aime pas l'utilisation du terme « République » ou « France » lorsque l'on reconnaît des erreurs qui sont en réalité celles d'hommes ou d'institutions qui, lorsqu'ils agissaient, s'éloignaient de ce qu'est la France. Comment faire aimer un pays et donner l'envie de faire partie d'une communauté, quand cette dernière ne donne même pas le sentiment d'être fière d'elle-même ?

Nous nous sommes également laissé écraser par l'extrême droite qui a décidé toute seule qui pouvait se dire français et qui ne pourrait jamais prétendre à l'être. Nous l'avons laissée propager des discours de haine et de rejet. Comment vouloir s'assimiler quand on nous répète à longueur de journée que l'on n'est pas assimilable ?

Par peur des cris d'orfraie de la gauche ou de donner le sentiment de courir après l'extrême droite, nous avons renoncé à valoriser notre culture et rejeté le terme d'« assimilation ». Le cercle vicieux était enclenché. En raison de nos renoncements, nous avons laissé à l'extrême droite le monopole des angoisses existentielles de notre peuple et n'avons fait que contribuer à sa progression. Par nos lâchetés, nous avons renoncé à la Nation et beaucoup se sont alors mis à chercher la transcendance ailleurs que dans les idéaux républicains. Quand la religion civique et patriotique disparaît, tous les pires obscurantismes et communautarismes sont en embuscade.

Les causes de notre échec peuvent devenir les fondements d'un renouveau national. La France que nous voulons est à la fois ferme et ouverte. Elle est fière de sa culture et de son histoire, demande qu'on se l'approprie et refuse le communautarisme. En échange, elle n'établit aucune distinction sociale qui ne soit fondée sur l'utilité commune et promet, à tous ceux qui l'aiment, l'inclusion. Son seul critère d'appartenance, c'est la volonté.

Chapitre 2

Protéger son identité mais demeurer une terre d'asile

Les premières victimes de cette conception identitaire de notre pays, ce sont naturellement les immigrés. Tout le discours d'Éric Zemmour consiste à dire que la France ne serait plus la France en raison de l'afflux migratoire qu'elle subit. L'immigré est alors l'ennemi responsable du déclin national. Peu lui importe qu'il soit devenu français ou non, qu'il travaille ou qu'il ne travaille pas, qu'il soit un réfugié politique ou un migrant économique et, même s'il dirait le contraire, peu importe qu'il soit assimilé ou non. Son systématisme l'empêche en effet de distinguer celui qui aime la France et celui qui ne l'aime pas. Il ne différencie pas les immigrés, il les juge sur ce qu'ils sont et non sur ce qu'ils font. Tel Maurice Barrès, il pense que « tout étranger installé sur notre territoire, alors même qu'il croit nous chérir, hait naturellement la France éternelle [...][1]. »

1. Maurice Barrès, *L'Appel au soldat*, Fasquelle, 1900.

En cela, Éric Zemmour développe un discours clairement xénophobe qui lui a d'ailleurs valu d'être condamné à deux reprises, pour provocation à la haine raciale en février 2011, puis pour provocation à la haine religieuse en septembre 2019. Cette inclination n'est pas nouvelle dans la société française. À la fin du XIXe siècle, les Italiens en sont les premières victimes. Puis ce sera au tour des réfugiés espagnols, polonais ou juifs allemands dans les années 1930. Depuis les années 1970, l'immigration africaine, notamment maghrébine, directement liée à la reconstruction d'après-guerre et à notre ancien empire colonial, est la nouvelle cible de ce racisme à peine déguisé. Cette hostilité a toujours trouvé un fondement intellectuel ou politique, ce fut le boulangisme dans les années 1880, Maurice Barrès ou Charles Maurras au début du XXe siècle. C'est aujourd'hui Éric Zemmour.

Mais l'existence de ces vagues xénophobes n'enlève rien à la générosité et à la tradition d'accueil de la France. Les réflexes identitaires passagers ne sont pas à la hauteur de son idéal de fraternité qui repose sur son humanisme et son universalisme, ni de son profond engagement politique d'accueil des réfugiés fuyant les persécutions. C'est cette vision que nous devons valoriser, sans perdre de vue la nécessité de défendre, bien entendu, la prééminence de notre identité.

La France est historiquement une terre d'accueil

En préambule, comme un pied de nez aux conceptions contre-révolutionnaires d'Éric Zemmour, il me plaît de rappeler que les premiers fondements du droit du sol sont posés en France dès l'Ancien Régime. Néanmoins, c'est bien entendu la Révolution française qui va profondément faire évoluer les choses en la matière. À partir du moment où la qualité de « sujet » disparaît et où émerge celle de « citoyen », les origines et les religions n'ont plus d'importance. Je l'ai rappelé plus tôt, c'est la volonté politique de faire partie d'une même communauté qui compte. En échange, les communautarismes doivent disparaître. C'est le sens de cette phrase de Stanislas de Clermont-Tonnerre qu'Éric Zemmour réutilise souvent à son profit : « Il faut refuser tout aux Juifs comme nation et accorder tout aux Juifs comme individus[1]. » Même si la suite de son discours est ferme et radicale, il ne faut pas perdre de vue qu'il s'agit d'un propos avant tout intégrateur. C'est pour cela que la conception révolutionnaire est, de ce point de vue, un modèle : elle est à la fois ouverte et exigeante.

L'universalisme explique cette générosité. Rien d'autre que la volonté politique individuelle ne compte, ce qui explique la facilité avec laquelle la nationalité française est octroyée dans les années 1790. L'idéal de fraternité occupe également une place fondamentale dans la politique migratoire de la France. Si ce principe a des origines religieuses, il se sécularise rapidement sous l'influence de la franc-maçonnerie et la plume des philosophes des Lumières, notamment Voltaire et Rousseau. La fraternité passe alors d'un précepte religieux, et donc partiellement exclusif, à un concept universaliste, et donc profondément rassembleur. Je n'ignore naturellement rien des contradictions des révolutionnaires et des républicains sur ce sujet. Mais rappeler leur conception permet de démontrer que la fraternité fait intégralement partie de notre identité

1. Stanislas de Clermont-Tonnerre, discours devant l'Assemblée nationale constituante, 23 décembre 1789.

politique et ne peut donc constituer un affaiblissement de la France comme l'affirme pourtant Éric Zemmour.

La France est une terre d'asile pour les combattants de la liberté

L'origine du droit d'asile, du moins sur le plan intellectuel, est également révolutionnaire. La Constitution du 24 juin 1793 l'érige ainsi en principe dans des termes splendides : « Le peuple français donne asile aux étrangers bannis de leur patrie pour la cause de la liberté. Il le refuse aux tyrans. » Même si cette constitution montagnarde n'est jamais appliquée, elle témoigne d'une première prise de conscience historique de la responsabilité particulière de notre pays dans la protection de ceux qui fuient les tyrannies. C'est une nouvelle preuve d'une nation qui se pense avant tout comme une communauté politique et de valeurs, qui a plus tôt consacré des « droits de l'homme et du citoyen » et non exclusivement les droits des Français.

Cette tradition d'accueil des combattants de la liberté est fermement rappelée après la parenthèse honteuse de Vichy. Elle est consacrée dans le préambule de la Constitution du 27 octobre 1946, qui irrigue encore aujourd'hui notre ordre juridique : « Tout homme persécuté en raison de son action en faveur de la liberté a droit d'asile sur les territoires de la République. » La France est ainsi historiquement une terre d'asile. Nous devons être fiers de constituer un refuge pour ceux qui fuient les persécutions. C'est l'honneur d'un pays que d'appliquer concrètement les principes intellectuels qu'il se fixe. L'asile est l'une des contributions les plus essentielles de notre pays dans l'affermissement des libertés dans le monde.

Pour autant, la France doit défendre son identité et mener une autre politique migratoire

Je ne cherche naturellement pas à dire que la France doit continuer à accueillir sans limites et sans condition. Je fais miens les mots de Marcel Gauchet : « N'y a-t-il que des individus, auquel cas leur libre installation là où bon leur semble est de droit ? Ou existe-t-il des communautés politiques qui ont des droits, dont le premier est de maîtriser l'espace dans lequel elles vivent et la circulation des populations qui s'y déroulent ? [...]

L'unification du monde porte-t-elle en germe la dissolution des entités politiques nommées "État-nation", [...] auquel cas les mouvements migratoires seraient l'avant-garde d'un processus devant lequel il n'y aurait qu'à s'incliner, ou bien va-t-elle à l'opposé vers leur renforcement coopératif, dont le contrôle des mouvements de population est un aspect décisif[1] ? » Je crois profondément en effet que le camp républicain doit se réapproprier l'idée de frontières, celles des États-nations et celles de l'Union européenne pour nous protéger. C'est une question fondamentale et civilisationnelle. Nul besoin de stigmatiser personne ou de faire des amalgames, mais il faut le dire clairement.

Mais si je m'attache à rappeler cette tradition d'accueil et cet esprit de fraternité, c'est pour contrecarrer le discours d'Éric Zemmour, qui manipule encore une fois l'Histoire pour légitimer son idéologie xénophobe. Les Français doivent savoir que la France est depuis longtemps une nation ouverte et tolérante, que nos valeurs républicaines et l'honneur de notre pays imposent l'accueil des personnes persécutées en raison de leurs convictions, de leur sexe, ou encore de leur orientation sexuelle. Il s'agit

1. Marcel Gauchet, *Macron : les leçons d'un échec. Comprendre le malheur français II*, Stock, 2021.

seulement de mieux nous connaître pour mieux défendre notre identité. Perdre de vue toute humanité et nous mentir en pensant que nous avons toujours été un pays fermé, fondant son sentiment national sur l'ethnie ou même sur la « race » ne nous aidera pas à reprendre le contrôle. J'ai déjà eu à m'exprimer à ce sujet[1] : on peut dire qu'une autre politique migratoire est souhaitable, qu'il convient en tout cas de la remettre à plat, sans pour autant pointer du doigt tous les immigrés. Dans cette matière, comme dans beaucoup d'autres, c'est encore la nuance qu'il nous faut manier, ce dont Éric Zemmour paraît incapable.

L'équilibre entre humanité et fermeté est pourtant indispensable à toute politique migratoire. Pour que « tout homme persécuté en raison de son action en faveur de la liberté [ait] droit d'asile sur les territoires de la République », il faut que tout homme qui ne l'est pas soit reconduit immédiatement dans son pays. Pour que l'immigration économique reste acceptable par nos concitoyens, des quotas migratoires doivent être mis en place. Si des étudiants doivent continuer à être accueillis en France parce qu'ils participent

1. Manuel Valls, « Immigration, tout repenser à partir de zéro », art. cit.

de notre rayonnement international, sans doute faut-il en revanche remettre en cause l'immigration familiale. De même, peut-être faut-il dire stop à toute nouvelle immigration avant d'avoir pleinement intégré les populations déjà présentes sur notre sol.

Derrière ces choix, de nombreux autres enjeux nous attendent. Sur l'intégration, sur l'école, sur les politiques sociales, notre réponse doit encore et toujours être celle de la République.

Chapitre 3

Exalter les idéaux des Lumières

Les idéaux révolutionnaires, ainsi que l'application concrète qu'en ont faite les républicains au fil des régimes, doivent constituer une inspiration qui dépasse largement les seules questions de conception de la Nation ou de l'immigration. Ils sont à l'origine de l'ensemble de nos principes républicains même s'il a fallu, bien évidemment, les adapter et les démultiplier au fil du temps et des évolutions de la société. Ils fondent ce que nous sommes, une civilisation démocratique basée sur le respect de l'État de droit et de la personne humaine.

Le centre névralgique de tous ces principes, c'est donc l'humanisme. Même si cette conception pourra évidemment paraître simpliste au regard de la complexité de ce terme, et anachronique compte tenu des évolutions qu'il a connues, j'aime définir ce courant de pensée comme celui qui met l'homme au centre de toute chose, qui place en lui sa confiance et ses attentes, et qui défend coûte que coûte sa liberté et les conditions de son exercice. Par son essence même, l'humanisme défend l'égalité, qu'elle soit entre les hommes ou entre les sexes. Je serais tenté de dire que si l'on devait résumer en trois mots la substance de ce principe philosophique, notre devise républicaine conviendrait parfaitement : « Liberté, Égalité, Fraternité ».

Poursuivant logiquement son œuvre contre-révolutionnaire, Éric Zemmour défend des thèses contraires à cet idéal. L'ensemble de son discours consiste à contredire toutes les avancées humanistes des dernières années : il emploie le terme de « race », différencie les individus en fonction de leurs origines ou de leur religion, méprise la condition des femmes et des minorités sexuelles, remet en cause l'abolition de la peine de mort.

Face à cette entreprise de destruction massive, les républicains des deux rives doivent s'unir pour défendre les legs de la République. Nous devons raviver l'attachement aux grands principes républicains en rappelant leur histoire. L'école doit notamment redevenir ce lieu privilégié d'appropriation de cet héritage. C'est dans le modèle de la IIIe République qu'il nous faut aller chercher le salut de cette institution républicaine fondamentale. Nous devons assumer vouloir construire des républicains, fiers de notre histoire et de nos valeurs. Il s'agit, pour nous aussi, de gagner le combat culturel.

L'émancipation de l'homme : égalité des droits, œuvre sociale et laïcité

Le premier principe républicain à opposer à Éric Zemmour est l'égalité. Il ne s'agit naturellement pas de la recherche d'une égalité réelle et totale. L'héritage des Lumières, de la Révolution puis de la République, c'est l'accès de tous les hommes à la même dignité et aux mêmes droits. C'est l'idée que la naissance ne doit plus jamais déterminer le destin de quiconque. Cela suppose un effacement des hiérarchies sociales, mais également de celles que certains peuvent être tentés d'établir entre les origines ethniques ou les convictions religieuses. Tout discours qui repose sur une différenciation des individus sur la base de ces critères et, en tout état de cause, sur tout autre fondement que l'« utilité commune » est antirépublicain. C'est ainsi le cas de la distinction que fait Zemmour entre « la race noire et la race blanche[1] », de sa

1. Éric Zemmour s'adressant à Rokhaya Diallo : « J'appartiens à la race blanche, vous appartenez à la race noire », Arte, 13 novembre 2018.

manie de distinguer les « Français de souche et les Français de branche[1] », de son obsession concernant les Juifs.

Arrêtons-nous un instant sur ce dernier sujet car il revêt une particulière importance au regard des propos du polémiste. Il convient d'opposer à Zemmour l'œuvre républicaine d'insertion progressive des Juifs à la nation française qu'il semble paradoxalement lui-même fragiliser. Se considérant en quelque sorte immunisé par sa propre judéité, il n'hésite pas, en effet, à mener une entreprise de réhabilitation des antidreyfusards et du régime de Vichy[2], à remettre en cause la loi Gayssot qui réprime le délit de négationnisme et à s'en prendre avec ignominie à la famille Sandler qualifiée d'« étrangers avant tout et voulant le rester par-delà la mort[3] » pour avoir choisi d'enterrer en Israël les enfants assassinés en 2012 par le terroriste Mohammed Merah. Haine de soi ou ignoble relativisme, ces déclarations forment en tout cas incontestablement le terreau d'une nouvelle forme d'antisémitisme qu'il nous faut combattre avec détermination.

1. « L'Heure des pros », CNews, 19 mars 2019.
2. Voir le chapitre 2 de la première partie.
3. Éric Zemmour, *La France n'a pas dit son dernier mot*, Rubempré, 2021.

À cette seule exigence d'égalité des droits, il fallait progressivement ajouter une dimension sociale afin de lutter tout autant contre les inégalités de condition. Le désintérêt des républicains opportunistes de la IIIe République pour la question sociale, essentiellement lié au rejet de la collectivisation et de la socialisation des moyens de production, contribue à sous-estimer l'apport de ce régime. Pourtant, la pensée républicaine est résolument sociale. Georges Clemenceau considère ainsi que les libertés individuelles acquises grâce à l'œuvre révolutionnaire doivent être associées à un principe de solidarité, pris en charge par l'État, pour favoriser une émancipation totale de l'homme. Durant la campagne électorale de 1881, il présente un projet ambitieux de réformes sociales qui va de l'établissement d'un impôt sur le capital et sur le revenu à la création de caisses de retraite pour les personnes âgées ou les invalides du travail, en passant par l'interdiction d'employer des mineurs de moins de 14 ans dans les ateliers, mines, usines et manufactures. Régulièrement opposé à Jean Jaurès à la Chambre des députés, il développe sa conception équilibrée et progressive. Dans un discours, en 1884, il affirme : « Oui, la République a pour programme d'aider les faibles dans leur lutte contre les forts[1]. » Clemenceau voit ainsi le succès du boulangisme dans l'électorat ouvrier comme un symptôme de l'oubli, par le régime, de la question sociale. Sans doute le bilan concret du Tigre dans ce domaine est-il plus modeste avec, essentiellement, la création d'un ministère du Travail, la loi sur le repos hebdomadaire ou celle sur les huit heures de travail. Mais ses convictions et prises de position ont été à l'origine d'un plus grand nombre de réformes sociales ambitieuses[2].

Par la suite, la grande œuvre républicaine d'émancipation sociale de l'individu sera poursuivie et même approfondie. Deux principales étapes ont participé de cet affermissement. C'est d'abord, bien entendu, l'œuvre du Front populaire entre 1936 et 1938 : les deux semaines de congés payés, la semaine de quarante heures, ou encore les conventions collectives. C'est ensuite celle de l'union des forces socialiste, communiste, gaulliste et démocrate-chrétienne rassemblées dans le Gouvernement provisoire de la République française qui, inspiré par le programme tout aussi

1. Discours de Georges Clemenceau au cirque Fernando, 25 mai 1884.

2. Michel Winock, « Clemenceau, idées sociales et socialisme », dans *La Pensée politique de Clemenceau*, sous la direction de Sylvie Brodziak et Samuël Tomei, CNRS éditions, 2020.

transpartisan du Conseil national de la Résistance, pose les fondements de l'État providence tel que nous le connaissons aujourd'hui en établissant notamment, c'est bien connu, la Sécurité sociale obligatoire.

Les républicains ont aussi été parmi les premiers à comprendre l'importance de la sécurité et de l'autorité qui libèrent et protègent. Établir l'ordre républicain était pour eux avant tout une œuvre de justice sociale, les personnes les plus modestes étant les premières victimes des actes de délinquance. Depuis Clemenceau, « premier flic de France », les ministres de l'Intérieur qui se sont succédé, de gauche, à l'instar de Jean-Pierre Chevènement, comme de droite, tel Nicolas Sarkozy, ont eu à cœur de garantir cette autorité de l'État pour en faire un instrument d'émancipation.

Enfin, le principe de laïcité est également un puissant moteur du renforcement de l'égalité entre les individus. Point final d'une œuvre initiée – y compris malheureusement dans la violence – sous la Révolution française, la loi du 9 décembre 1905 proclame, en premier lieu, le principe de la libre conscience. Ce faisant, elle garantit une absence totale de discrimination entre les religions et, partant, entre les fidèles des différents cultes ainsi qu'entre ceux qui croient et ceux qui ne croient pas. En jugeant, encore et toujours, les individus sur leur seule appartenance à une religion, Éric Zemmour bafoue donc l'apport majeur de cette loi. Elle consacre ensuite le principe de séparation des églises et de l'État en des termes bien connus : « La République ne reconnaît, ne salarie ni ne subventionne aucun culte. »

Cette loi, qui constitue sans doute le plus fondamental des legs de la IIIe République, connaît, au-delà de ses seules implications strictement juridiques, de multiples interprétations. J'assume d'en avoir une conception extensive qui aboutit à distinguer fermement et définitivement ce qui relève du commun, c'est-à-dire de la politique, et ce qui appartient à l'intime, c'est-à-dire au religieux. Les lois du 15 mars 2004 interdisant, dans les écoles, collèges et lycées publics, le port de signes ou tenues par lesquels les élèves manifestent ostensiblement une appartenance religieuse, et du 11 octobre 2010 interdisant la dissimulation du visage dans l'espace public, que j'ai toutes deux votées comme député, prolongent ce combat. Pour constituer un futur commun et mieux vivre ensemble, il faut extraire de l'espace public toute différenciation religieuse et cantonner cette dernière au foyer. Pour lutter contre l'obscurantisme et défendre notre vision de l'homme, il nous faut combattre sans relâche toutes les prétentions politiques des religions, rappeler sans cesse leur infériorité vis-à-vis de l'État et leur nécessaire soumission aux lois. Les conceptions radicales et les velléités belliqueuses et politiques des religions, quelles qu'elles soient, sont les ennemies du principe de laïcité, donc de la République. Bien entendu, il ne s'agit pas de nier que ce rigorisme s'exprime aujourd'hui davantage sous la forme d'un extrémisme islamiste contre lequel nous devons nous battre avec la plus grande détermination. Pour autant, je me refuse de suivre Éric Zemmour qui met tous les musulmans de France sur le banc des accusés et qui part du principe, au demeurant paresseux, que l'islam serait par nature incompatible avec la République. C'est, là encore, un manque de recul et de connaissance de l'histoire des religions que de les penser incapables d'évolution pour se mettre en conformité avec nos valeurs.

L'émancipation trop lente, mais néanmoins réelle, des femmes

Dans l'idéal humaniste et républicain, l'égalité se prolonge bien évidemment à la question du sexe. Là encore, Éric Zemmour adopte la position inverse. C'est en effet à l'égard des femmes qu'il développe la pensée la plus ouvertement dégradante, n'ayant rien à envier aux islamistes qu'il critique si vertement. À partir de la publication du *Premier sexe*[1], il analyse, avec regret, la disparition du modèle patriarcal au profit d'une société qui se serait « féminisée », la menant à sa perte. Comme souvent en accord avec la vision d'Alain Soral, il procède à une apologie de ce que seraient, selon lui, les valeurs masculines, qui se résument en réalité dans sa vision à un règne de violence et de pulsions. Au contraire, le renforcement de la place des femmes en politique aurait contribué à l'affaiblissement du pouvoir. Les libertés et les droits qu'elles ont progressivement acquis, ne sont, quant à eux, jamais présentés comme des avancées positives mais comme autant de contributions au délitement de la société.

La place des femmes en politique serait ainsi dangereuse et indue. Selon le polémiste, « il y a un lien entre le pouvoir et la virilité » ; « le pouvoir doit rester entre les mains des hommes sinon il se dilapide » ; « il y a une montée de la présence féminine dans la vie politique. [...] Concomitamment, le pouvoir s'évapore du politique » ; « les femmes sont des régentes, elles n'incarnent pas le pouvoir, [...]

1. Éric Zemmour, *Le Premier Sexe*, Denoël, 2006.

le pouvoir s'évapore dès qu'elles arrivent[1] ». Quelle misogynie crasse, quelle conception archaïque de la vie politique ! Je préfère de mon côté valoriser celles et ceux qui ont très tôt prôné l'égalisation des conditions des femmes vis-à-vis des hommes et qui doivent constituer des sources d'inspiration. Dès 1790, Condorcet évoque la nécessaire égalité hommes-femmes et démonte point par point tous les arguments avancés pour étayer une prétendue incapacité de ces dernières[2]. En 1791, Olympe de Gouges imagine une Déclaration des droits de la femme et de la citoyenne qui proclame notamment, dans son article 10, le droit pour la femme de « monter à la tribune ». Au début du XXe siècle, Louise Weiss fut une combattante déterminée pour le droit de vote des femmes. Enfin, de très nombreuses femmes furent au premier rang de la Résistance et de la Libération : Lucie Aubrac, Germaine Tillion, Geneviève de Gaulle-Anthonioz, pour ne citer qu'elles. C'est notamment grâce à l'implication de ces dernières que le droit de vote est octroyé aux femmes par l'ordonnance du 21 avril 1944.

1. Interview d'Éric Zemmour par Ruth Elkrief, BFMTV, 26 mars 2013.

2. Condorcet, « Sur l'admission des femmes au droit de cité », *Journal de la société de 1789*, 3 juillet 1790.

Éric Zemmour s'est récemment dit opposé aux lois sur la parité, notamment en politique, car « contre toute forme de discrimination positive[1] ». Profondément républicain et universaliste – il s'agirait néanmoins bien de la seule fois où Éric Zemmour le serait également –, je peux comprendre que l'on désapprouve philosophiquement un principe de parité contraignant qui, *de facto*, catégorise les personnes en fonction de leur sexe. L'évidente égalité de compétence entre les femmes et les hommes devrait, d'elle-même, équilibrer la situation. Cette vision a d'ailleurs été fermement défendue par Élisabeth Badinter, à qui je rends un hommage appuyé dans mon dernier livre[2], qui a souvent dit préférer l'égalité à la parité. Mais la philosophie ne résiste pas toujours aux réalités et l'établissement d'un tel principe devenait indispensable alors que plus de la moitié de la population française demeurait beaucoup trop largement sous-représentée dans les fonctions politiques. Élisabeth Guigou, première femme garde des Sceaux, insistait sur ce décalage entre les principes proclamés et les droits concrets au moment de présenter la révision

1. Éric Zemmour face à Alain Duhamel, BFMTV, 18 octobre 2021.

2. Manuel Valls, *Pas une goutte de sang français*, chapitre 15, *op. cit.*

constitutionnelle allant dans ce sens[1]. Force est d'ailleurs de constater que la loi du 6 juin 2000 a largement amélioré les choses.

Si cette diatribe s'arrêtait à la seule question politique, il serait loisible de l'associer à une simple question de frustration mal placée. Mais Éric Zemmour va beaucoup plus loin et remet régulièrement en cause, par des propos ambigus et sans jamais le dire clairement, les droits des femmes acquis de haute lutte. C'est, par exemple, le cas sur le droit à l'avortement que le polémiste se refuse d'ailleurs à qualifier comme tel. Pour lui, « [l'avortement doit] être une exception pour des circonstances exceptionnelles [et non] un droit quasi constitutionnel[2] ». Face à ces remises en cause qui ne disent pas leur nom, je tiens à rappeler la grande œuvre républicaine, certes trop lente mais bien réelle, dans l'octroi de droits sociétaux aux femmes : le divorce par consentement mutuel dès 1792 (avant d'être supprimé par la Restauration, puis rétabli par la IIIe République),

1. Élisabeth Guigou, discours devant l'Assemblée nationale, 15 décembre 1998.

2. « Face à l'info », avril 2020, propos cités dans un article de *Valeurs actuelles* : « "Une réduction inquiétante du recours à l'IVG" : Éric Zemmour dénonce les propos "pervers" d'Olivier Véran », 10 avril 2020.

la loi Neuwirth de 1967 qui légalise la contraception et, bien entendu, la dépénalisation de l'interruption volontaire de grossesse par la loi Veil du 17 janvier 1975. Cette œuvre doit se poursuivre et prendre aujourd'hui la forme d'une lutte implacable contre les violences de toutes sortes faites aux femmes. Si certains excès sont regrettables, le mouvement #Metoo a incontestablement et heureusement libéré la parole des femmes.

Au-delà des seules femmes, les minorités sexuelles sont aussi visées. Lors de sa rencontre en septembre 2021 avec le Premier ministre hongrois Viktor Orbán, Éric Zemmour a salué la mise en place d'une loi interdisant la « promotion et la représentation de l'homosexualité ». Toujours dans le cadre de son obsession identitaire du risque d'un « grand remplacement », il a prôné « une contre-propagande qui glorifie le modèle traditionnel ». À ce discours volontairement excluant, nous devons opposer les avancées récentes des droits homosexuels : le mariage, octroyé en 2013 et, plus récemment, l'ouverture de la procréation médicalement assistée aux couples lesbiens.

L'abolition de la peine de mort, conquête humaniste

Se positionnant comme toujours en opposant aux avancées humanistes, Éric Zemmour s'est dit « philosophiquement » favorable à la peine capitale[1], considérant que nous aurions eu tort de l'abolir. S'il n'est pas allé jusqu'à proposer son rétablissement, il n'a pas davantage eu la décence d'exclure totalement cette possibilité, estimant seulement que ce n'est pas « quelque chose qu'on va faire tout de suite. Il y a d'autres priorités ». Proposer le rétablissement de la peine de mort alors que nous célébrons le quarantième anniversaire de son abolition et quelques jours seulement après l'ouverture du procès des attentats du 13 novembre 2015, c'est faire l'illustration symbolique de la régression fondamentale que cette dernière représenterait. Notre société peut s'enorgueillir, et davantage depuis 1981, d'opposer la justice à la folie, l'État de droit à la barbarie, les Lumières à l'obscurantisme. Face à l'horreur de certains crimes et le dégoût qu'ils nous inspirent

1. Interview face à Jean-Jacques Bourdin, RMC et BFMTV, 15 septembre 2021.

légitimement, la tentation de la loi du talion n'est jamais bien loin. Elle est sans aucun doute un appel animal mais doit se fracasser sur le mur de notre humanité. Devant une opinion publique divisée et qui se questionne, désarmée et impuissante qu'elle se pense face à l'horreur, il n'est pas inutile de rappeler quelques enseignements de l'humanisme républicain. Ce combat est au cœur de mon premier engagement politique en 1980 qui doit beaucoup aux textes d'Albert Camus et d'Arthur Koestler, ou aux plaidoiries de Robert Badinter.

La peine de mort est avant tout inefficace, elle n'arrête pas les crimes et n'a aucun impact sur la folie de quelques-uns. Sur ce point, les mots de Badinter seront bien plus éclairants que les miens : « Ceux qui croient à la valeur dissuasive de la peine de mort méconnaissent la vérité humaine. La passion criminelle n'est pas plus arrêtée par la peur de la mort que d'autres passions ne le sont qui, celles-là, sont nobles[1]. » Elle est ensuite contre-productive. En érigeant face aux barbares un État lui-même *de facto* criminel, elle entretient le cercle vicieux de la mort et de la violence.

1. Robert Badinter, discours devant l'Assemblée nationale, 17 septembre 1981.

Vouloir rétablir l'autorité de l'État est impossible s'il dispose des mêmes méthodes que ceux qu'il cherche à combattre. Il est vain de critiquer les zones de non-droit, où les trafiquants de drogue appliquent la peine de mort pour punir les traîtres et accaparer les territoires, s'il s'agit de remettre la même arme mortifère dans les mains de l'État. Enfin, la défense de la peine de mort est l'une de ces propositions paresseuses auxquelles Éric Zemmour nous a depuis longtemps habitués. Alors qu'elle ne règle concrètement rien, elle permet de ne pas s'interroger sur d'autres moyens de réprimer plus durement la délinquance, de reconquérir les territoires perdus de la République ou de lutter contre les idéologies barbares qui nous assaillent. Par sa portée éminemment symbolique et terriblement tangible, elle paraît répondre à toutes les questions et à tous les enjeux en même temps. C'est une manière de détourner les autres sujets, de schématiser sa pensée pour laisser la place à une horrible simplicité.

Cette complexité du réel, qui s'oppose à ce rétablissement, va même au-delà des seules questions régaliennes. Victor Hugo l'exprime avec magnificence : « Cette tête de l'homme du peuple, cultivez-la, défrichez-la, arrosez-la, fécondez-la, éclairez-la, moralisez-la, utilisez-la ; vous n'aurez pas besoin de la couper[1]. » Cette phrase résume tout. La prise de conscience humaniste, l'acquisition des valeurs de la République et des idées des Lumières, en somme l'exaltation du strict inverse de la pensée d'Éric Zemmour, doivent passer par l'éducation.

L'école, un outil puissant au service des Lumières

Les républicains savent que l'affermissement de la démocratie doit avoir pour corollaire l'établissement d'une école publique forte. Comme le disait Montesquieu, « c'est dans le gouvernement républicain que l'on a besoin de toute la puissance de l'éducation[2] ». Dès la Révolution française, émerge ainsi la vision d'une école mise au service de l'émancipation politique de l'individu et d'une plus grande égalité sociale. L'instruction et l'apprentissage du raisonnement critique sont alors considérés comme des moteurs puissants de la résolution des problèmes politiques et sociaux. Cette vision, portée par Condorcet dans son « Rapport sur

1. Victor Hugo, *Claude Gueux*, Évréat, 1834.
2. Montesquieu, *De l'esprit des lois*, Barillot & fils, 1748.

l'organisation générale de l'instruction publique » dès 1792, va cependant longtemps rester au stade de l'abstraction. Bien sûr, la Convention nationale instituera les écoles centrales, Napoléon les lycées, et la monarchie, notamment autour des figures de Guizot et Duruy, jouera aussi un rôle important, mais ce sont bel et bien les républicains de la IIIe République qui transcrivent dans les faits l'imagination révolutionnaire. On retient avant tout – même si bien d'autres sont promulguées en ce sens – les grandes lois de Jules Ferry, notamment celles du 16 juin 1881 établissant la gratuité de l'enseignement primaire dans l'école publique et du 28 mars 1882 rendant l'école obligatoire jusqu'à 13 ans et laïcisant l'enseignement public.

L'école de la IIIe République ne se contente pas d'instruire, elle cherche également à éclairer les petits Français. Les professeurs, au statut social très valorisé, deviennent une figure incontournable dans les villages. Ces « hussards noirs », décrits par Charles Péguy, accompagnent l'enracinement du régime républicain dans les cœurs et dans les esprits. Les leçons de morale quotidiennes et l'éducation civique contribuent à asseoir les idéaux d'émancipation et de pacifisme des Lumières. Pour l'historien René Rémond, la diffusion généralisée de ces valeurs dans la société, par le biais de l'école, contribua à éviter à la France l'installation du fascisme dans les années 1930.

À cette même période, l'école devient également un véritable vecteur d'émancipation. D'abord pour les femmes, puisque la loi de 1882 la rend obligatoire pour les deux sexes et qu'un enseignement secondaire féminin s'organise à cette même période. Elle devient également un moteur puissant de mobilité sociale. Ce sont les exemples de Charles Péguy, fils d'un menuisier et d'une rempailleuse de chaises, qui intégrera l'École normale supérieure et deviendra écrivain, ou d'Albert Camus, fils d'un ouvrier caviste et d'une mère sourde et illettrée qui dédiera son prix Nobel de littérature à son professeur, Louis Germain.

Bien entendu, l'école de la IIIe République n'était pas parfaite, mais ses accomplissements sont incontestables. Elle apprenait efficacement les savoirs fondamentaux, mais ne s'arrêtait pas là. Elle constituait un outil d'intégration patriotique, d'affermissement du régime, de mobilité sociale, de transmission des principes humanistes et républicains et des valeurs de mérite, d'effort et de respect de l'autorité du professeur.

Ses réussites d'hier sont ses échecs d'aujourd'hui. La concomitance de la massification, de la montée de l'individualisme, de l'apparition des nouvelles technologies et du développement de l'idéologie du pédagogisme a affaibli ses fondements. L'école a trop largement renoncé à sa fonction d'apprentissage et de défense de nos valeurs, tandis que son rôle de promotion sociale est également fragilisé. Par crainte ou par commodité, elle a cherché à s'adapter à l'air du temps. S'imaginant comme une institution trop conservatrice dans un monde en mouvement, elle a renoncé à tout ce qui faisait son utile singularité. Le monde idéalisé des pédagogistes n'est pourtant pas celui qui attend les enfants au sortir du système scolaire et l'individu a besoin d'apprendre l'esprit critique et de subir la contradiction pour construire sa propre autonomie intellectuelle. L'école a ainsi accentué le fossé qui sépare ceux qui ont des parents en capacité de leur transmettre les valeurs et les savoirs auxquels elle a renoncé et ceux qui n'ont qu'elle. La gauche, et j'y prends ma part, n'a pas été capable d'inverser ce mouvement.

Rendre à l'école son importance et son ambition originelles doit constituer pour nous un véritable projet de société. L'école doit renouer avec le bon sens. Alors que près d'un élève sur deux n'a pas, en entrant en classe de sixième, le niveau de fluidité requis en lecture, redonnons, en primaire, la priorité aux savoirs fondamentaux que constitue le fameux triptyque « lire, écrire, compter ». La langue et l'orthographe doivent notamment occuper une part essentielle et il nous faut refuser clairement tout ce qui les fragilise, comme l'écriture inclusive. Cela permettra de lutter contre la principale injustice et le premier obstacle à la mobilité sociale que l'absence de maîtrise de ces disciplines représente. Ainsi, alors que près de 65 % des élèves entrant dans des collèges privés maîtrisent cette capacité de lecture fluide, c'est le cas de seulement 35 % de ceux qui entrent dans des collèges REP +. C'est insupportable et inacceptable. Par un renforcement sans précédent de l'éducation civique, défendons l'humanisme républicain, la laïcité et combattons toutes les formes d'obscurantisme et de relativisme. La lâcheté doit quitter les bancs. Par un vrai retour à la morale quotidienne, mettons fin à cette culture de l'« enfant roi » et rétablissons le respect entre l'élève et le professeur en inculquant à nouveau le sens de l'autorité. Alors que tout va aujourd'hui dans le sens de l'horizontalité et, partant, de la remise en cause de ce principe, considéré comme obsolète voire réactionnaire, l'école républicaine – et même au-delà, la société tout entière – doit le réhabiliter, car je suis convaincu que l'ordre et l'autorité libèrent et émancipent, qu'ils forment les conditions d'une bonne intégration dans la société. Continuons aussi à apprendre l'Histoire dans son intégralité, en expliquant nos erreurs, mais ne renonçons plus jamais à célébrer nos gloires. Diffusons d'ailleurs tout cela au-delà de la seule école primaire, là où restaient cantonnées les avancées de la IIIe République. À partir du collège justement, il faut progressivement former les élèves aux métiers d'avenir. Redonnons en ce sens toute leur place à l'apprentissage et à l'enseignement professionnel qui doivent devenir des voies royales et des spécialités valorisées. Il s'agit de prendre davantage en compte les goûts des élèves et leurs volontés en transmettant les savoirs fondamentaux dès l'école primaire et en refusant toute hiérarchie entre les filières par la suite.

Chapitre 4

Redonner espoir et rejeter le déclinisme

Il ne s'agit pas pour moi d'opposer une nostalgie à une autre. Si, tout au long de ces lignes, j'ai érigé tour à tour en modèles les philosophes des Lumières, les révolutionnaires, les républicains, ou encore les résistants et que j'ai rappelé nos principes d'une identité nationale forte mais ouverte, d'une France comme terre d'asile pour les combattants de la liberté et d'un humanisme républicain facteur d'émancipation, ce n'est pas pour regretter l'évanouissement de temps anciens, mais pour qu'ils contribuent à influencer positivement le futur.

Je ne suis pas décliniste. Je suis persuadé que le discours sur la décadence renforce le pessimisme des Français et annihile notre capacité d'agir. Regarder nos nombreuses difficultés en face ne doit pas nous empêcher de prendre du recul. Dans une tribune récente, le philosophe et ancien ministre Luc Ferry invite à relativiser la gravité des obstacles que nous rencontrons[1]. Il est insupportable de parler de déclin actuel confronté aux récits des guerres passées ou des camps de concentration. Face aux avancées sociales que nous avons connues, à l'amélioration de la santé générale de la population, aux promesses des technologies numériques ou de l'intelligence artificielle bien régulées, comment peut-on dire avec verve « c'était mieux avant » ?

Face à une décadence généralisée et presque mécanique, nous ne pourrions rien faire. Mais heureusement, il n'en est rien. Nous sommes davantage face à une situation de déclassement, opposés à de grandes puissances qui nous surpassent et tentent de nous effacer. Je ne cherche pas à nier les problèmes que notre société rencontre. Ils sont nombreux et pour certains inédits, au moins dans leur ampleur : affaiblissement de l'école, communautarisme galopant, inégalités persistantes, précarité et pauvreté, changement climatique, immigration incontrôlée. J'affirme néanmoins que face à tous ces enjeux, les discours déclinistes et extrémistes sont contre-productifs. La France a de nombreux atouts pour réaffirmer son rang. Elle reste une puissance

1. Luc Ferry, « La décadence, vraiment ? », *Le Figaro*, 20 octobre 2021.

diplomatique et militaire. Il importe désormais de renouer avec nos idéaux et nos valeurs. Je veux opposer l'Histoire comme horizon à l'Histoire comme amertume.

Réaffirmons nos valeurs et notre place dans le monde

Sans nier les évolutions géostratégiques et démographiques du monde, nous devons rappeler que notre pays compte toujours. La France est une grande puissance économique, la deuxième de l'Union européenne, et ses entreprises rayonnent à l'international. Aucun pays n'a autant aidé son économie à faire face à la crise sanitaire grâce à une injection sans précédent d'argent public au nom du « quoi qu'il en coûte ». Le français est parlé par plus de 300 millions de personnes et la francophonie va connaître une forte progression dans les prochaines décennies. La France est membre permanent du Conseil de sécurité de l'Organisation des Nations unies et elle dispose de la dissuasion nucléaire. Être une telle puissance diplomatique, militaire et économique, ce n'est déjà pas si mal pour un « pays en déclin » ! Forts de ce constat, nous ne devons pas pour autant nier nos difficultés.

Pour y répondre, nous devons donner un nouvel élan à nos valeurs humanistes et républicaines. Redonnons d'abord une actualité à nos plus anciens principes. Continuons de lutter contre les discriminations et les inégalités en réhabilitant l'école publique pour réparer l'ascenseur social, adaptons l'idéal d'égalité aux nouvelles formes d'asservissement auxquelles les plateformes numériques participent en ajustant notre protection sociale, réaffirmons le principe libérateur de laïcité et combattons toutes les formes d'obscurantisme et d'asservissement, continuons notre lutte pour l'universalité des droits des femmes et de l'abolition de la peine de mort.

Adaptons aussi ces mêmes principes aux exigences contemporaines et ajoutons aux valeurs humanistes le grand combat de notre siècle : la lutte contre le réchauffement climatique. Les républicains ont toujours été au rendez-vous de l'Histoire. Dans les siècles précédents, ils ont été à la pointe du combat pour la liberté politique, puis pour l'égalité sociale. Ils doivent aujourd'hui être au premier rang de la bataille pour la sauvegarde de la planète et la protection de l'environnement. Comme ils l'ont toujours fait, ils doivent prôner des solutions de proximité, instiller cette grande exigence dans la vie quotidienne des Français. Par ailleurs, la récente annonce du président de la République concernant le lancement d'un nouveau programme nucléaire est une très bonne nouvelle. Cette source d'énergie constitue une chance en conciliant indépendance énergétique, faible empreinte carbone, mais également recherche et innovation.

Tout cela suppose une vision exigeante et de long terme. Les idées républicaines doivent redevenir un projet. Elles ne sont pas une fin en soi. Cela exige une concorde nationale, y compris de la part des responsables politiques, pour mener un combat sur les grands sujets du siècle.

Une méthode : l'union nationale

À la manière d'un Conseil national de la Résistance dans une période bien plus sombre, les républicains de tous bords doivent surmonter leurs désaccords et s'unir pour proposer des solutions qui soient fortes mais équilibrées, ambitieuses mais raisonnées. Trop longtemps, nous avons refusé de voir les difficultés en face et de traiter les réalités vécues par les Français, de peur de faire le jeu de l'extrême droite. Trop longtemps, nous nous sommes perdus dans des batailles sémantiques ou de chiffres, pour mieux nier nos accords, de peur de nourrir ce discours extrémiste du « tous les mêmes » et du « tous pourris ». Nous nous sommes trompés. Nous avons en réalité laissé les problèmes persister et contribué à la montée des extrêmes.

Pourtant, sur de nombreux sujets, nos accords sont grands. Je le dis depuis plusieurs années, sur les grands enjeux de notre temps, humanistes de gauche et de droite doivent se rassembler. Jacques Julliard l'a tout récemment appelé de ses vœux dans une tribune percutante[1]. Nous devons débattre, discuter et nous rassembler sur un programme de renaissance nationale et républicaine pour refonder l'école, pour réduire les inégalités sociales, pour réindustrialiser notre pays, pour conforter notre place diplomatique et militaire dans le monde, pour remettre à plat nos politiques migratoires et de peuplement notamment dans les quartiers populaires, pour combattre l'islamisme radical et pour lutter contre le réchauffement climatique. Que cette

1. Jacques Julliard, « Pour une renaissance française », *Le Figaro*, 1er novembre 2021.

« union sacrée » soit le résultat incontournable d'une modification de la loi électorale ou qu'elle soit un geste spontané du futur président de la République, elle devra se faire.

Conclusion

Le zemmourisme est un antihumanisme.

Que cherche Éric Zemmour ? Incontestablement, à déconstruire méthodiquement l'héritage humaniste et républicain grâce auquel la France est pourtant reconnue à travers le monde.

Qui est-il ? Manifestement, un héritier des contre-révolutionnaires, xénophobes et pétainistes, qu'il cherche en permanence à réhabiliter, jusque dans l'ignominie de leur pensée et de leurs actes. Il est également un homme, il faut le rappeler une nouvelle fois, doublement condamné pour des faits de provocation à la haine, et sous le coup de dix autres procédures en cours pour injures, provocation à la haine ou encore contestation de crime contre l'humanité. Pour ces dernières, il bénéficie naturellement de la présomption d'innocence. Cela n'enlève toutefois rien à ce que le fond de ses propos dit du positionnement d'Éric Zemmour dans le débat public.

De quoi est-il le symptôme ? Indéniablement, de nos échecs passés et du mal-être d'un peuple en manque de repères, exposé à un malaise identitaire.

Quel risque représente-t-il ? Dans le pire des cas, si par malheur il venait à accéder à l'Élysée à la faveur de l'un de ces mouvements subversifs de désespoir auxquels les Français sont accoutumés, qui s'exprimerait autant par un vote pour l'extrême droite que par le péril civique que représente l'abstention, l'application de ses idées réactionnaires. Dans tous les cas, si on le laisse faire, la réémergence d'un discours raciste et xénophobe dangereux et décomplexé. D'ailleurs, quel que soit son score et son positionnement à la fin, cette rhétorique de la haine et de l'excès fait d'ores et déjà passer Marine Le Pen pour plus modérée et la renforce ainsi paradoxalement en cas de qualification au second tour.

Comment agissent les démocrates en réponse ? Malheureusement, comme trop souvent dissimulée derrière des postures morales, à grand renfort de « *no pasaran* » et de discours verbeux sur « les heures les plus sombres de notre histoire », la gauche, comme déjà dans les années 1980, ne s'interroge pas sur les causes et sur la réponse à apporter à la montée du national-populisme. Quant à la droite républicaine, elle hésite sur sa stratégie, au risque d'être emportée par la vague. Certains ont même déjà fait céder la digue patiemment construite depuis la Libération. Enfin, Emmanuel Macron et la majorité semblent se contenter d'une situation qui, en poursuivant l'œuvre de destruction des partis traditionnels, permettrait la réélection « facile » du président sortant. Ils ne paraissent pas toujours mesurer les conséquences dramatiques que peuvent provoquer une majorité aux racines – idéologiques comme locales – peu profondes, un président laissé seul face au peuple et un affrontement avec le national-populisme, devenant *de facto* la seule alternative politique.

À quoi Éric Zemmour peut-il néanmoins servir ? Pour les Français, immanquablement à rien, chacun s'accordant à dire qu'il ne redonne pas d'espoir et ne développe aucun discours positif. Tout comme le FN de Jean-Marie Le Pen puis le RN de Marine Le Pen, il n'a aucun intérêt à résoudre les problèmes puisqu'ils constituent son fonds de commerce. Il n'a aucune solution pour traiter le chômage, les bas salaires, la délinquance ou la désertification des services publics en milieu rural. Sa vision de la place de la France dans le monde nous entraînerait dans une alliance dangereuse avec Vladimir Poutine. En revanche, il peut paradoxalement permettre une féconde prise de conscience du camp humaniste. Dans la situation de crise politique que notre pays et la démocratie en général traversent, il faut une réponse républicaine, profonde et de long terme.

Ce sera le grand enjeu de la présidentielle de 2022 pour les républicains de tous bords. Assumer de développer un discours alternatif, un autre récit national. À une France fantasmée faite de chevaliers, de croisades et de combats de « race », nous devons opposer un pays ouvert, humaniste, conscient et fier d'inspirer le monde. Le grand avantage de la seconde vision sur la première, c'est qu'elle n'est pas qu'une nostalgie et qu'elle permet de se projeter dans l'avenir, de construire. Elle n'en demeure pas moins exigeante et refuse tout angélisme. C'est pourquoi je ne pardonne pas à une partie de la gauche d'avoir abandonné la Nation aux nationalistes, l'assimilation aux xénophobes, la laïcité aux communautaristes. Face à l'offensive de l'islamisme, elle a été lâche ou complaisante. Il faut renouer avec le récit républicain, sans rien oublier de notre passé. La démocratie, la laïcité, la place de la femme dans la société, la langue, la lutte contre le racisme et l'antisémitisme ne sont pas négociables. À nous de montrer que, comme tout au long des trois siècles précédents, les républicains sont capables de répondre aux grands enjeux contemporains et aux difficultés des Français, à la condition de s'unir.

J'espère aujourd'hui, par cet ouvrage, contribuer à desserrer la tenaille identitaire, permettre le temps d'une lecture à l'immense majorité des Français de se reconnaître dans un récit national qui renvoie dos à dos la repentance systématique et le révisionnisme historique. Demain, j'entends contribuer à cette indispensable renaissance nationale, trop longtemps repoussée. Fiers de notre histoire commune, avançons ensemble.

Table des matières

Seconde partie
Le camp républicain doit proposer sa vision historique

Composition et mise en pages
Nord Compo à Villeneuve-d'Ascq

Imprimé en France
par la Nouvelle Imprimerie Laballery
rue Louis Blériot 58500 Clamecy
décembre 2021 - N° 111719

La Nouvelle Imprimerie Laballery est titulaire de la marque Imprim'Vert®